Le petit mercure

Collection créée par Colline Faure-Poirée
Suivi éditorial par Jean-Michel Décimo

Le goût de New York

Textes choisis et présentés
par Jérôme Neutres

Mercure de France

ISBN 978-2-7152-2910-5

SOMMAIRE

RÊVER NEW YORK :
L'ELDORADO CONTEMPORAIN

VOIR NEW YORK :
LA VILLE DEBOUT

VIVRE NEW YORK :
LE PAYS DE LA CHANCE

PENSER NEW YORK :
LA VILLE NON ÉTERNELLE

INTRODUCTION

« New York elle-même est une œuvre d'art, une œuvre d'art totale. Sa croissance est harmonieuse, comme la propagation des ondes à la surface de l'eau quand on y a lancé une pierre. »

Marcel DUCHAMP,
Deux interviews new-yorkaises

« Mais je ne suis pas toujours sûr de ce merveilleux cadeau qu'est New York. Si ce n'était qu'un rêve, qu'un essai prodigieux, qu'un avatar, qu'une renaissance éphémère, qu'un purgatoire magnifique ? »

Paul MORAND,
New York

New York, avant de prendre son nom anglais en 1664, s'est d'abord appelée la Nouvelle-Angoulême, à sa découverte en 1524 par une caravelle de François Ier, puis la Nouvelle-Amsterdam, lorsque s'y installèrent en 1626 les premiers pionniers hollandais. Le renouveau est à la racine de sa toponymie, et New York n'a de cesse tout au long de son histoire d'apparaître comme le laboratoire de la société moderne, le lieu d'expérimentation d'une nouvelle forme d'organisation humaine, et d'un autre urbanisme que celui des villes européennes hérité de l'âge classique. Aussi, avant même de la voir, sans y vivre, on rêve New York. Œuvre par définition en perpétuel mouvement et en développement permanent, même après l'avoir vue, on l'imagine s'accordant à nos désirs ou à nos peurs, on en anticipe l'incroyable croissance et l'inéluctable chute : Chateaubriand appelle dans ses *Mémoires* plus de cent ans avant le premier gratte-ciel à ce qu'un monument « pyramidât au-dessus de la masse des murs et des toits » de New York, et Sidney Lumet raye la cité de la carte par une explosion atomique dans son film *Fail safe*. Fantasme de la Ville par excellence, et ville de tous les fantasmes, New York, comme Rome et Paris avant elle, est devenue une source abondante de mythes, de l'Eldorado contemporain à la cité de tous les dangers ; grandeur et décadence de la Babylone moderne, matière première inépuisable pour d'innombrables romans, films, poèmes, spectacles, qui hésitent souvent entre les deux extrêmes d'une vision tantôt infernale tantôt idéale... C'est là que la modernité situe le centre du monde, son avenir et même sa fin. New York ou « l'héritière de tout à la fois : Athènes, Alexandrie, Persépolis », résume Jean Baudrillard. Tous les yeux et tous les inconscients sont braqués sur New York, qui implique le reste du monde, comme la marche du monde explique le fabuleux destin de la ville. Cent soixante et une nationalités coexistent aujourd'hui sur les 57 km^2 de Manhattan, le vrai nom de Babel, siège qui plus est de l'Organisation des Nations unies, dont l'assemblée générale, chaque mois de septembre, rassemble en un immeuble la quasi-totalité des chefs des quelque deux cents États du globe. Sentiment d'irréalité qu'accroît la représentation visuelle pléthorique de New

York, due autant à sa puissance fantasmatique qu'à sa fantastique photogénie. New York, la ville la plus filmée, la plus photographiée, dont les lignes verticales et horizontales permettent tous les mouvements et les montages – nulle part ailleurs Hitchcock pouvait tourner l'inégalable plan séquence du générique de *La Mort aux trousses*, et c'est déjà de ce cadre futuriste que Fritz Lang tire le décor de son *Metropolis*. Conçue « pour les anges et les aviateurs », selon l'historien de l'architecture Lewis Mumford, New York était dessinée pour générer des destins de super-héros, des Superman et Spiderman qui volent dans les airs comme sur la planète Mars. King Kong combat les avions de chasse du sommet de l'Empire State Building, comme Gene Kelly danse d'un toit à l'autre dans *Un jour à New York*. On ne compte pas les allégories qui transposent le décor de New York dans un monde surnaturel, de *La Planète des singes* à la Gotham City de *Batman* – Gotham, le surnom mythologique de New York, inventé en 1807 par l'écrivain Washington Irvin et développé par Alan Moore, métropole imaginaire fondée par des mercenaires et peuplée de fous et de malfrats. Le rêve, c'est la possibilité de l'impossible, qui pourrait servir aussi de définition à l'ambition de New York. Ville insomniaque (on peut faire ses courses au supermarché en pleine nuit, métro et commerce restent ouverts 24 heures sur 24) qui tire largement son dynamisme de « l'énergie du rêve » comme le dit Edgar Morin, New York est une ville surréaliste. Arpenter New York, c'est marcher dans un rêve éveillé, à l'image des déambulations oniriques de *Little Nemo in Slumberland* de Winsor McCay, publiées dans le *New York Herald* en 1910. Car la ville sans sommeil, dont les tours restent éclairées toute la nuit, même sans réelle activité, a « la puissance bouillonnante et excessive du rêve »...

Vivre à New York, c'est habiter cette fiction, *la* chanson de geste de l'ère contemporaine. Qui gagne ici, gagnera partout : « *If I can make it there, I'll make it anywhere, it's up to you, New York, New York...* », pour reprendre après Frank Sinatra et Liza Minelli, des paroles qui résonnent comme l'hymne de la ville. Mais vivre New York, c'est aussi confronter le rêve à la réalité. Le mythe laisse-t-il une place à l'être ? Les tranches de vie new-yorkaises contrastent souvent avec les rêveries sur la ville... Où l'on découvre une autre expérience, la magie de la foule n'empêchant pas une étrange solitude, les prémisses de promesse tournant parfois aux illusions perdues. New York telle qu'en elle-même : au-delà de la fiction ? Dans cette ville « où tout semblait possible », Claude Lévi-Strauss se souvient ainsi « s'y glisser pour atteindre comme Alice de l'autre côté du miroir, des mondes si enchanteurs qu'ils en paraissaient irréels ». Monstre social, dernière utopie, chimère urbaine, New York réclame d'être pensée. Quelle autre ville a autant fait réfléchir philosophes, écrivains, sociologues... ?

La ville emblématique du XXe siècle fait l'objet de tant d'images et de littérature, comme seules avant et avec elle Paris et Rome, qu'une anthologie de textes rigoureuse prendrait vite la dimension d'une bibliothèque. Partout, New York a déjà été vue et dite par d'autres, « tout est alluvion, et tout est allusion », comme le dit Julien Gracq de Rome. Dans l'ordre chronologique des Villes lumière, c'est Paris que New York a détrôné ; nul hasard si les écrivains de France en ont parlé plus que tous autres étrangers. Sans question d'exhaustivité, mais avec un intérêt particulier pour un dialogue franco-américain sur la question, ce choix de textes d'un Français sur New York vise au fond, en suivant l'exemple de l'Américain Julien Green écrivant sur Paris, un « livre qui fût comme une grande promenade sans but où l'on ne trouve rien de ce qu'on cherche, mais bien des choses qu'on ne cherchait pas ».

Jérôme NEUTRES

RÊVER NEW YORK

L'Eldorado contemporain

WALT WHITMAN

Un monde parfait

Walt Whitman (1819-1892) est le premier grand chantre de New York. Né sur Long Island, il n'en finit pas de rêver sur les « millions de pas » d'une ville qu'il voit en harmonie parfaite avec les individus qui l'habitent. « Mannahatta » : Manhattan vient de ce mot indien, dont le poète a donné la traduction la plus lyrique : « l'île assise sur un roc où sans cesse gaiement se grisent, accourent et dévalent les vagues précipitées »...

Je demandais quelque chose de particulier et parfait pour ma ville,
Sur ce voici surgir le nom indigène.
À présent je vois ce qu'il y a dans un nom, un mot liquide, sain, réfractaire, musical, hautain,
Je vois que le mot de ma ville est ce mot d'autrefois,
Parce que je vois ce mot niché dans les niches des baies, superbe,
Riche, ceinturé de voiliers et vapeurs tout autour pressés, île longue de vingt-cinq kilomètres, fondée sur le roc,
Rues sans nombre avec leurs foules, hautes excroissances de fer, sveltes, fortes et légères, jaillies splendidement vers les cieux clairs,
Marées promptes et amples, tant aimées de moi, vers le couchant,

Les courants marins qui affluent, les petites îles, grandes îles avoisinantes, les hauteurs, les villas,
Les mâts innombrables, les blancs côtiers, les allèges, les bacs, les noirs paquebots aux formes parfaites,
Les rues du bas de la ville, les maisons de commerce des soldeurs, les maisons de commerce des courtiers maritimes et changeurs, les rues près la Rivière,
Les immigrants qui arrivent, par quinze à vingt mille en une semaine.
Les camions charriant les marchandises, la mâle race des conducteurs de chevaux, les marins au visage hâlé,
L'air estival, le soleil qui brille éclatant, et les nuages flottant là-haut,
Les neiges hivernales, les clochettes des traîneaux, les glaçons dans la Rivière qu'apporte le flux ou qu'emporte le reflux,
Les ouvriers de la ville, les maîtres, bien bâtis, au visage beau, qui vous regardent bien en face,
Les trottoirs encombrés, voitures, Broadway, les femmes, les magasins et curiosité,
Un million d'habitants – libres et superbes manières – voix franches – accueillants – les jeunes gens les plus braves et cordiaux,
Ville aux flots précipités et écumants ! Ville aux flèches et mâts !
Ville au creux des baies nichée ! Ma ville !

« Mannahatta », in *Les Feuilles d'herbe*,
traduit de l'anglais par Léon Bazalguette

New York, c'est d'abord l'histoire d'un rêve, celui d'une ville qui s'est voulue et imposée comme la plus grande cité des États-Unis d'Amérique dès 1790, et ce, paradoxalement, sur une terre d'entre deux mers, étroite et limitée, traversée qui plus est, dit-on, par des ondes à l'énergie particulière, provoquées par la présence massive d'une roche magnétique. Manhattan est le plus petit des cinq districts qui constituent New York, mais c'est le premier, le plus vivant, le plus riche et le plus célèbre. À tel point que, dans l'imaginaire commun, souvent, New York se confond avec Manhattan, effaçant les autres quartiers de la ville : les villes de Brooklyn et du Queens, sur Long Island, Staten Island, à vingt minutes de bateau, et le Bronx, appendice sur le continent. Dès sa fondation, il semble que New York, ou plutôt donc Manhattan, présente les caractères qui vont construire sa mythologie de ville à la « rapidité inouïe » comme le note le duc de La Rochefoucauld-Liancourt en 1795 ; où les gens, travaillant plus que partout ailleurs, « volent d'un côté à l'autre », vivant trois vies en une, comme le rapporte un autre visiteur du tout premier New York, Jacques de Villamont : « dès neuf heures ils sont à leurs bureaux pour préparer la tâche de la journée ; à dix heures les voilà sur les quais [...] à quatre heures ils rentrent se changer pour dîner ; à sept heures théâtre et à onze heures du soir on les retrouve à souper... » Deux siècles plus tard, l'agenda des New-Yorkais n'a pas changé de rythme. Pas plus que leur imaginaire : la ville se vit toujours comme le centre du monde, la terre d'élection des « maîtres de l'univers », comme les appelle Tom Wolfe dans *Le bûcher des vanités* : « Pensez seulement aux millions de gens, sur toute la planète, qui crèvent d'envie d'être sur cette île, dans ces tours, dans ces rues étroites ! Elle était là, la Rome, le Paris, le Londres du XXe siècle, la ville de l'ambition, le grand roc magnétique, l'irrésistible destination de tous ceux qui veulent être *là où ça se passe* ! – et il était l'un de ces vainqueurs ! »

WOODY ALLEN

Manhattan mon amour

« Mes films décrivent le New York de mes rêves, de mes vœux, parfois de mes souvenirs. » Né à Brooklyn, Woody Allen a consacré cependant l'essentiel de son œuvre à l'île de Manhattan, qu'il aime avec passion, et dont il donne dans ses films une vision romantique et très idéalisée. Cette première séquence de Manhattan *(1979) ouvre le récit de la relation fusionnelle d'un écrivain avec la ville, qui, comme Woody Allen, « ne peut fonctionner en dehors de New York ». Cent cinquante ans après le poème de Whitman, une autre de ces déclarations d'amour enflammées d'un New-Yorkais à New York…*

Chapitre I : « Il adorait New York.

Il l'idolâtrait au-delà de toute mesure » – Non ! Si je mettais plutôt : « Il en avait une vision romantique au-delà de toute mesure. Pour lui, quelle que soit la saison, New York semblait n'exister qu'en noir et blanc, et ne vibrer qu'au rythme du grand George Gershwin. » – Non, il vaut mieux que je recommence. Chapitre I : « Il voyait Manhattan avec trop de romantisme, comme tout le reste d'ailleurs, le tohu-bohu de la foule et des voitures lui convenaient à merveille.

Pour lui, New York, c'étaient des femmes superbes et des mecs à la coule. » – Non, c'est ringard, trop ringard à mon goût. Allez, réessayons un cran au-dessus. Chapitre I : « Il adorait New York, même si pour lui, c'était une métaphore du pourrissement de la culture contemporaine. Ah, quelle difficulté d'être dans un monde désensibilisé par les drogues, les sonos hurlantes, la télévision, la violence, les ordures. »

– Trop agressif. Je ne tiens pas à faire agressif. Chapitre I : « Il était dur et romantique comme la ville qu'il aimait. Derrière ses lunettes noires, il cachait la puissance sexuelle d'un félin de la jungle – J'adore ça ! New York était sa ville et le resterait à jamais. »

Manhattan,
traduit de l'anglais par Georges Dutter
« Petite bibliothèque des Cahiers »
© Cahiers du cinéma, 2000

Ses habitants l'aiment avec tant de passion que New York, ville narcisse, ne cesse en retour de se regarder elle-même et de s'autocélébrer. Partout dans les rues, des échoppes vendent inlassablement T-shirts, vaisselle, casquettes, sacs et autres objets signés « *I Love NY* ». L'amour de soi de New York est comme la marque de fabrique de la ville, qui a son site internet (iloveny.com), et son tube chanté par Madonna : « *Other cities always make me mad / Other places always make me sad / No other city ever made me glad / Except New York / I love New York / I love New York* ». La passion est exclusive : comme Madonna et beaucoup de New-Yorkais, Woody Allen ne peut pas vivre sans New York. Le *Lincoln tunnel* qui mène au New Jersey est une frontière infranchissable : dans sa pièce *Riverside Drive*, un des personnages remarque, un soir, au bord de l'Hudson : « Regarde ! C'est à peine si on voit le New Jersey… avec tout ce brouillard ! ». « Tant pis ! Je veux dire tant mieux… », répond son interlocuteur. *My City, right or wrong* : c'est le sujet de la plupart des films de Allen. New York, ou plutôt un petit carré de Manhattan, l'Upper West Side, très chic bohème (c'est là qu'habitait John Lennon) entre la 53e Rue et la 70e, autour de la 6e Avenue, avec ses repères : le Lincoln Center (opéras, grands concerts), Broadway, le restaurant Elaine's... Dans *Annie Hall*, l'héroïne éponyme critique New York qui selon elle se meurt comme la Venise de Thomas Mann. Annie-Keaton reproche à Alvy-Allen sa New York-mania : « *your life is New York City. You're just this person. You're like this island unto yourself* » (ta vie n'est que New York, tu n'es que ça, tu es comme cette île, replié sur toi-même). Le narcissisme de New York aurait-il affaire avec son insularité ? L'île est une terre bordée de miroirs, qui la renvoient tous à elle-même... Sur la rive de Brooklyn, Walt Whitman, autoproclamé « fils de Manhattan », contemplait déjà son image : « J'ai regardé les rais ténus de lumière centrifuge autour de la forme de ma tête dans l'eau ensoleillée »...

FRANZ KAFKA

La frontière de l'irréel

Kafka n'a jamais vu New York, mais en 1912 il débute un « roman américain » dans une ville reconstituée d'après lectures et songes qu'il présente d'emblée comme irréelle en montrant la statue de (l'illusion de) la liberté armée d'un glaive et non plus d'un flambeau. À l'orée du XXe siècle, New York, c'est le bout du monde, la terre inaccessible de tous les fantasmes, le lieu même de la fiction. Kafka en fait le décor d'une nouvelle Genèse, de l'entrée au paradis du jeune émigré Karl Rossman à sa longue chute...

Bien qu'il n'eût jamais traversé le soir les rues de New York en auto et que le long des trottoirs et des rails qui changeaient à tout instant de direction, comme dans un tourbillon de vent, le vacarme volât partout (vacarme qui n'avait plus l'air d'être provoqué par des hommes, mais qui ressemblait à quelque élément étranger), Karl, tout en cherchant à bien saisir les paroles de M. Pollunder, ne s'inquiétait que du gilet noir de son interlocuteur qui était barré d'une chaîne d'or. Au sortir des rues où le public se hâtait en foule vers les théâtres, à grands pas ou dans des voitures dont on accélérait le train, ils arrivèrent, après avoir traversé les quartiers intermédiaires, dans les faubourgs où les policemen à cheval les firent passer constamment par des petites rues latérales car, la grande avenue étant occupée par la manifestation des grévistes de la métallurgie, on ne permettait aux carrefours que le minimum de circulation. Quand la voiture, débouchant d'une de ces sombres ruelles qui assourdissait les échos, traversait alors l'avenue aussi large qu'une vraie place, on voyait apparaître, en de longues perspectives que personne ne pouvait suivre jusqu'au bout, les trottoirs couverts d'une foule qui avançait à pas menus et dont le chœur avait plus d'unité que le chant d'une seule voix. Mais sur les rails du tram, qui restaient dégagés, on apercevait çà et là un policier monté sur un cheval immobile, des gens qui portaient des drapeaux ou des bandes de toile chargées d'inscriptions qu'ils tendaient au-dessus de la rue ; ou encore un meneur entouré de camarades et d'ordonnances, ou une voiture de tramway qui n'avait pas pris la fuite assez vite et demeurait là, vide et sombre, avec son wattman et son contrôleur qui s'étaient assis sur la plate-forme. De petits groupes de curieux restaient debout, à grande distance des véritables manifestants, bien qu'ils ne vissent pas ce qui se passait au juste. Mais Karl, lui, s'appuyait avec joie contre le bras que M. Pollunder avait passé autour de lui ; la conviction qu'il allait être bientôt l'hôte bienvenu d'une maison de campagne éclairée, close de murs et gardée par des chiens, lui causait un bien-être fou, et, quoiqu'un début de somnolence l'empêchât de saisir parfaitement, ou tout au moins sans nulle lacune, les discours de M. Pollunder, il se reprenait de temps à autre et se frottait les yeux pour voir, pendant l'espace d'un instant, si on remarquait son sommeil, ce qu'il voulait éviter à tout prix.

L'Amérique, traduit de l'allemand
par Alexandre Vialatte

On n'a peut-être jamais mieux parlé du rêve américain... En 1912, comme aujourd'hui, dans un imaginaire répandu aux quatre coins du globe, New York fait figure de miroir déformé de toute grande ville. C'est l'image extrême de la cité, espace sans fin, toute de bruit et de fureur (« je bois de la vitesse » y raconte Cendrars la même année), dont Kafka anticipe bien ce qu'elle deviendra : si à cette époque, à la différence du décor du roman, il y a moins de circulation à New York, si on ne manifeste pas de nuit, s'il n'y a pas de pont entre New York et Boston, la ville a largement atteint le degré de paroxysme dépeint dans le cauchemar éveillé de Karl Rossman. Vent, vacarme, avenues démesurées, densité humaine inhumaine, rencontres d'images surréalistes, ponts aériens entre les villes, tout y est déjà. New York est le symbole de l'avenir du monde dans la culture contemporaine, le lieu où l'on peut voir des *Scènes de la vie future*, titre de l'essai best-seller de Georges Duhamel en 1930. Et comme l'imagine bien Kafka, qui sait qu'il n'y a de paradis que perdu, ce nouveau monde, Eldorado contemporain, est et sera le lieu de toutes les promesses et d'autant d'espoirs déçus, trame narrative d'innombrables récits, écrits ou filmés. Kafka voit New York comme la ville de l'hyperbole qu'elle est bien : pour un jeune Européen au « pays des possibilités illimitées », voitures, routes, usines, tout apparaît démesurément plus grand. Une cité pharaonique, dont la ville voisine s'appellerait Ramsès...

LOUIS-FERDINAND CÉLINE

La Rome du dieu Dollar

New York est l'étape obligée du voyage symbolique de Bardamu qui débarque dans la « ville debout » en pleine crise économique post-1929 et découvre au pays annoncé de la richesse des « pauvres de partout », tandis qu'il fait l'expérience mortifère de « l'indifférence absolue » dans la métropole de tous les rêves de rencontres. Il décrit ici le fantasme de Manhattan comme banque du monde, cathédrale du dieu Dollar...

Comme si j'avais su où j'allais, j'ai eu l'air de choisir encore et j'ai changé de route, j'ai pris sur ma droite une autre rue, mieux éclairée, « Broadway » qu'elle s'appelait. Le nom je l'ai lu sur une plaque. Bien au-dessus des derniers étages, en haut, restait du jour avec des mouettes et des morceaux du ciel. Nous on avançait dans la lueur d'en bas, malade comme celle de la forêt et si grise que la rue en était pleine comme un gros mélange de coton sale.

C'était comme une plaie triste la rue qui n'en finissait plus, avec nous au fond, nous autres, d'un bord à l'autre, d'une peine à l'autre, vers le bout qu'on ne voit jamais, le bout de toutes les rues du monde.

Les voitures ne passaient pas, rien que des gens et des gens encore.

C'était le quartier précieux, qu'on m'a expliqué plus

tard, le quartier pour l'or : Manhattan. On n'y entre qu'à pied, comme à l'église. C'est le beau cœur en Banque du monde d'aujourd'hui. Il y en a pourtant qui crachent par terre en passant. Faut être osé.

C'est un quartier qu'en est rempli d'or, un vrai miracle, et même qu'on peut l'entendre le miracle à travers les portes avec son bruit de dollars qu'on froisse, lui toujours trop léger le Dollar, un vrai Saint-Esprit, plus précieux que du sang.

J'ai eu tout de même le temps d'aller les voir et même je suis entré pour leur parler à ces employés qui gardaient les espèces. Ils sont tristes et mal payés.

Quand les fidèles entrent dans leur Banque, faut pas croire qu'ils peuvent se servir comme ça selon leur caprice. Pas du tout. Ils parlent à Dollar en lui murmurant des choses à travers un petit grillage, ils se confessent quoi. Pas beaucoup de bruit, des lampes bien douces, un tout minuscule guichet entre de hautes arches, c'est tout. Ils ne l'avalent pas l'Hostie. Ils se la mettent sur le cœur. Je ne pouvais pas rester longtemps à les admirer. Il fallait bien suivre les gens de la rue entre les parois d'ombre lisse.

Tout d'un coup, ça s'est élargi notre rue comme une crevasse qui finirait dans un étang de lumière. On s'est trouvés là devant une grande flaque de jour glauque coincée entre des monstres et des monstres de maisons. Au beau milieu de cette clairière, un pavillon avec un petit air champêtre, et bordé de pelouses malheureuses.

Je demandai à plusieurs voisins de la foule ce que c'était que ce bâtiment-là, qu'on voyait mais la plupart feignirent de ne pas m'entendre. Ils n'avaient pas de temps à perdre. Un petit jeune, passant tout près, voulut bien tout de même m'avertir que c'était la Mairie, vieux monument de l'époque coloniale ajouta-t-il, tout ce qu'il y avait d'historique... qu'on avait laissé là... Le pourtour de cette oasis tournait au square, avec des bancs, et même on y était assez bien pour la regarder la Mairie, assis. Il n'y avait presque rien à voir d'autre dans le moment où j'arrivais.

J'attendis une bonne heure à la même place et puis de cette pénombre, de cette foule en route, discontinue, morne, surgit sur les midi, indéniable, une brusque avalanche de femmes absolument belles.

Quelle découverte ! Quelle Amérique ! Quel ravissement ! Souvenir de Lola ! Son exemple ne m'avait pas trompé ! C'était vrai !

Je touchais au vif de mon pèlerinage.

Voyage au bout de la nuit

Le *Voyage* a été écrit dans la suite de la plus grande récession de l'économie américaine, égale (ou inférieure ?) à celle que connaît aujourd'hui New York, qui n'en demeure pas moins dans l'imaginaire commun la réserve internationale d'or, la Rome du Dollar, avec autant de banques que la capitale du catholicisme compte d'églises. Ce Dollar, étalon maître du monde, l'or de la civilisation moderne, qui a fait tant fantasmer par sa puissance et le danger qu'elle représente... Morand, en 1930, compare New York à une « immense pompe aspirante qui est en train d'avaler les capitaux du monde ». En 1980, dans *Vision à New York*, Sollers disserte encore sur la couleur de l'argent, « ce vert de gris Uccello, ce vert noyé, vert cadavre... ce vert de la moisissure et de la décomposition qui fait billet, trésorerie, banque… le spectre en monnaie… » L'argent fait la loi à New York, il en est la raison d'être, le but affiché de toutes les destinées. Comment ne pas voir que la vie de New York est suspendue à la santé de sa monnaie, avec plus de la moitié de l'économie de la ville réalisée par le secteur financier et un quart de la population employé par les banques, fonds d'investissements et autres machines à faire de l'argent ? *Wall Street* est bien le cœur de la ville, son organe vital, et feu le *World Trade Center*, phare de la ville, n'abritait pas par hasard dans son dernier étage un musée de la monnaie. Portefeuille de la planète, *Wall Street* l'est encore pour le meilleur et pour le pire ; la crise financière mondiale actuelle avalise l'adage préféré des *traders* et autres *raiders* : « quand la bourse de New York s'enrhume, le monde entier est malade ».

FEDERICO GARCIA-LORCA

L'Enfer est ici

En 1929, Lorca, étudiant à l'université de Columbia, écrit dans une série de poèmes posthumes sa répulsion pour une ville qui lui apparaît comme un lieu cauchemardesque, règne de l'oppression et de la misère. Dans ce poème, il décrit New York comme un gigantesque abattoir, reprenant le thème communiste de l'antre du diable…

Sous les multiplications
il y a une goutte de sang de canard.
Sous les divisions
Il y a une goutte de sang de marin.
Sous les additions, un fleuve de sang tendre;
un fleuve qui avance en chantant
par les chambres des faubourgs,
qui est argent, ciment ou brise
dans l'aube menteuse de New York.
Les montagnes existent, je le sais.
Et les lunettes pour la science,
je le sais. Mais je ne suis pas venu voir le ciel.
Je suis venu voir le sang trouble,
Le sang qui porte les machines aux cataractes
et l'esprit à la langue du cobra.
Tous les jours on tue à New York
quatre millions de canards,

Cinq millions de porcs,
deux mille pigeons pour le plaisir des agonisants,
un million de vaches,
un million d'agneaux
et deux millions de coqs
qui font voler les cieux en éclats.
Mieux vaut sangloter en aiguisant son couteau
ou assassiner les chiens
dans les hallucinantes chasses à courre,
que résister dans le petit jour
aux interminables trains de lait,
aux interminables trains de sang
et aux trains de roses aux mains liées
par les marchands de parfums.
Les canards et les pigeons,
les porcs et les agneaux
mettent leurs gouttes de sang
sous les multiplications ;
et les terribles hurlements des vaches étripées
emplissent de douleur la vallée
où l'Hudson s'enivre d'huile.
Je dénonce tous ceux
qui ignorent l'autre moitié,
la moitié non rachetable
qui élève ses montagnes de ciment
où battent les cœurs
des humbles animaux qu'on oublie
et où nous tomberons tous
à la dernière fête des tarières
Je vous crache au visage.
L'autre moitié m'écoute,
dévorant, chantant, volant dans sa pureté

comme les enfants des conciergeries
qui portent de fragiles baguettes
dans les trous où s'oxydent
les antennes des insectes.
Ce n'est pas l'enfer, c'est la rue.
Ce n'est pas la mort, c'est la boutique de fruits.
il y a un monde de fleuves brisés et de distances
  insaisissables
dans la petite patte de ce chat, cassée par l'automobile,
et j'entends le chant du lombric
dans le cœur de maintes fillettes.
Oxyde, ferment, terre secouée.
Terre toi-même qui nages dans les nombres de
  l'officine.
Que vais-je faire : mettre en ordre les paysages ?
Mettre en ordre les amours qui sont ensuite
  photographies,
qui sont ensuite morceaux de bois et bouffées de sang ?
Non, non ; je dénonce,
je dénonce la conjuration
de ces officines désertes
qui n'annoncent pas à la radio les agonies,
qui effacent les programmes de la forêt,
et je m'offre à être mangé par les vaches étripées
quand leurs cris emplissent la vallée
où l'Hudson s'enivre d'huile.

« Officine et dénonciation »
Le poète à New York
traduit de l'espagnol par Pierre Darmangeat

On sait avec Bataille que toute répulsion a affaire avec le désir : aimer ou détester New York participent du même rapport passionnel à la ville. Le poème de Lorca illustre le cauchemar qu'a représenté pour le communisme New York, considérée par Lénine comme « la grande forteresse universelle du capitalisme et de la réaction ». Gorki compare la ville à un « diable jaune ». Reste que les mythes enseignent. Dans une ville où règne la loi de l'idéologie la plus libérale – le droit du travail n'exige pas de contrat mais une simple fiche de paie –, combien d'esprits se sont élevés contre l'injustice et la misère qui se cachent derrière les vitrines brillantes des grands magasins... *Un Roi à New York* de Chaplin, critique de l'injustice du système politico-socio-économique américain (1957), faisait dire à Truffaut que « si ce n'est pas un film amusant, c'est que l'Amérique représente le monde où l'on s'ennuie », évoquant « cette destruction organisée de la liberté » dénoncée par le film. « La vie mécanique est là à son apogée », note Fernand Léger. New York fut longtemps une ville prolétaire, une cité d'usines, avec une « basse ville », disparue aujourd'hui, au profit de lofts résidentiels, de boutiques de mode, de restaurants et de galeries d'art. On oublie que New York a été la capitale industrielle du monde jusqu'en 1969, tant il y a peu d'usines aujourd'hui, que Dickens y écrivit *Martin Chuzzlewit*, qu'Elia Kazan y tourna *Sur les quais*. Le *Downtown* de Manhattan, à l'instar de Brooklyn, est devenu au fil du temps le lieu d'habitation et de récréation d'une société huppée. Mais à l'époque de *Manhattan Transfer*, Dos Passos décrit les bas-fonds du New York des années 1920 comme un panorama dominé par « des cheminées noires » : « il y régnait une odeur d'écurie, et les trottoirs étaient couverts de détritus dans lesquels des gamins se vautraient »...

TONINO BENACQUISTA

Une ville de cinéma

Tonino Benacquista n'est allé qu'une seule fois à New York mais a toujours rêvé d'y vivre. La ville revient dans plusieurs de ses romans, toujours à travers le prisme d'un même et unique restaurant : le Zeke's, symbole de toute une culture, au même titre que le restaurant de Greenwich Avenue dans le tableau de Hopper Faucons de nuit…

Je n'hésite pas longtemps entre le métro et le taxi et grimpe dans un de ces trucs jaunes à damier pour filer vers la ville.

– *Manhattan, Fifty Second and Eleven.*

Ces deux flics ont suffi à calmer mon inclination pour les images mythiques. Inutile de les traquer, il va y en avoir beaucoup d'autres. Ce matin, dans les premières lueurs du boulevard Bonne-Nouvelle, j'ai senti que la Ville Lumière allait me manquer. En traversant le pont de Brooklyn sous un soleil qui attendrit les câbles, Paris m'est apparu comme un petit bibelot qu'on secoue pour faire de la neige. Je ne sais plus d'où je viens et je m'en fous. J'ai faim de choses grasses. J'ai soif de choses fortes. J'ai envie de me promener torse nu avec mon tee-shirt sur les épaules. J'ai envie de tout montrer du doigt comme un rapper. Buildings et prédicateurs fous aux coins des rues, limousines aux verres fumés, sortie de bureau des Nike girls, delicatessen et homeless avachis.

Je suis à New York.

*

Le taxi m'arrête au croisement de la 52e Rue et de la 11e Avenue. Brusquement, les gens ont disparu, les voitures aussi, je me retrouve entre un terrain de basket vide et un restaurant désert : le Zeke's. Je passe une double porte et longe le bar de dix mètres de long, un type sort de la cuisine avec un sac en plastique bourré de bières dégoulinantes de fraîcheur. Il m'installe à une table en devanture et me tend la carte. Je préfère attendre et regarder au-dehors.

Quelques rares gratte-ciel, un bloc d'immeubles raisonnables, des escaliers extérieurs, comme dans *West Side Story*. Au loin, je devine l'Hudson River.

J'attends, immobile.

– Je suis sûr que tu te sens comme dans une toile de Hopper.

Accolades et tapes dans le dos, façon mafieux. Jérôme porte exactement les mêmes vêtements qu'à Paris, mais ici, ça lui donne un petit air élégant.

– Tu viens d'arriver ?

– Direct de J.F.K.

– ... !

– T'as vu cette putain de ville ?

– Dès les premières minutes, je suis rentré dedans comme dans des charentaises. Comme Judy Garland à la fin du *Magicien d'Oz*, je me suis dit : *There's no place like home*. Je me suis mis à parler comme un vieux vendeur de gnôle de Harlem et personne ne s'en est étonné.

– À Paris, tu parlais déjà comme un vieux vendeur de gnôle de Harlem.

– Il y a une chose qu'on place au-dessus de tout ici : c'est ton droit inaliénable à la bizarrerie. Quand un type se balade avec un nez rouge en psalmodiant des conneries, ça ne peut être qu'un acteur qui répète un rôle. Personne ne passe pour dingue, on te laisse toujours le bénéfice du doute. Je ne comprends pas pourquoi on n'a pas inventé plein de petites encoignures comme ça dans tous les pays du monde. Des Babylone à usage de tous. Tu y restes une semaine, un an, et tu retournes à la civilisation pour reprendre ta petite vie, peinard. Il y aurait beaucoup moins de problèmes.

Saga

« Personne ne comprend pourquoi je veux faire New York à Cinecitta ! disait Fellini. Mais pour moi, ce qui est stimulant c'est Hammet et Chandler... » Féru d'univers oniriques, le maestro du cinéma italien a souvent voulu filmer New York. « C'est la ville qui par nature conviendrait le mieux à mes films, expliquait-il à Costanzo Costantini (*Conversations avec Federico Fellini*, Denoël, 1995). New York est une ville qui me fascine, peuplée d'une humanité complètement folle, mais humaine, profondément humaine. Un jour, il y avait un mariage dans mon hôtel. Le plus féroce des caricaturistes ne serait pas arrivé à faire des portraits réalistes des gens qui se trouvaient là. Des centenaires vêtus de rose pastel comme des nouveaux-nés, des dames aux chapeaux multicolores comme des parasols. [...] Je n'ai pas le courage d'affronter une ville aussi monstrueuse, aussi chaotique et hallucinante que New York. » Daniel Pennac met en scène à New York son héros caméléon du *Dictateur et le hamac* avec Chaplin et Rudolph Valentino, car New York, c'est d'abord, pour celui qui n'y habite pas, « l'Americky, patrie du cinématographe ». Ville de lumière et de mouvement, New York est une ville studio, où chaque immeuble fait référence à une fiction – derrière cette façade néo-gothique s'est tourné *Rosemary's Baby* (le Dakota Building sur Central Park West) ; dans ce restaurant chinois planent les ombres de *L'Année du dragon*... C'est surtout une ville de personnages. Comme le monde pour Shakespeare, New York est une scène de théâtre continue : le bénéfice inattendu pour la créativité du Dogme de l'Individu. La loi du *Chacun pour soi et New York pour tous* engendre, à côté d'une certaine uniformisation, de nombreux comportements idiosyncrasiques tels qu'on n'en voit nulle part ailleurs. L'identité de la ville, c'est de ne pas en avoir, ou plutôt d'être l'agrégat, l'accumulation d'identités les plus diverses. « J'étais un étranger / à qui rien ne semblait étrange » se souvient Alain Bosquet dans son poème « Manhattan ». Parce qu'on n'y apparaît jamais étrange, on ne se sent pas étranger à New York. Très facile de s'installer ici, pas de sensation d'exil : la ville est à tout le monde et à personne. Aucun New-Yorkais (sic) ne vous regarde comme un intrus, trente jours de résidence y suffisent pour qu'un Américain obtienne le droit de vote, avec la possibilité immédiate de se présenter à la mairie...

JONATHAN SAFRAN FOER

La légende du sixième district

Un garçon de dix ans recherche les traces de son père mort dans les attentats du 11 septembre, qui lui ont rendu la ville incompréhensible. Ayant vu disparaître avec les deux tours du World Trade Center tout un quartier de New York, il se remémore le récit fantastique d'un sixième district qui aurait existé à côté de Manhattan, avant, tel l'Atlantide, d'être recouvert par les eaux…

« Le sixième district était une île, lui aussi, séparé de Manhattan par un mince cours d'eau, dont le point le plus étroit se trouvait être égal au record du monde de saut en longueur, de telle sorte qu'une seule personne exactement sur terre pouvait passer de Manhattan au sixième district sans se mouiller. Le saut avait lieu chaque année et était l'occasion d'énormes festivités. On accrochait des *bagels* d'une île à l'autre à de longs spaghettis spéciaux, on jouait au bowling avec pour boules des samosas qu'on lançait contre des baguettes de pain qui servaient de quilles, et la salade russe volait comme des confettis. Les enfants de New York capturaient des lucioles dans des bocaux de verre qu'ils faisaient flotter entre les deux districts. Les bestioles s'asphyxiaient lentement…

– Asphyxier ?

– Étouffer.

– Pourquoi ils ne faisaient pas des petits trous dans les couvercles ?

– Les lucioles clignotaient rapidement pendant les quelques dernières minutes de leur existence. Si l'on calculait bien le moment du lâcher, la rivière scintillait à l'instant où le sauteur la franchissait.

– Cool.

– Quand le moment arrivait enfin, le sauteur en longueur prenait son élan depuis l'East River. Il traversait en courant toute la largeur de Manhattan, encouragé par les New-Yorkais massés de part et d'autre des rues, aux fenêtres des appartements et des bureaux, et jusque dans les branches des arbres. Deuxième Avenue, Troisième, Lexington, Park, Madison, Cinquième, Columbus, Amsterdam, Broadway, Septième, Huitième, Neuvième, Dixième… Et quand il sautait, les New-Yorkais poussaient des acclamations depuis les rives de Manhattan et du sixième district, acclamant le sauteur et s'acclamant les uns les autres. Durant les quelques instants où le sauteur était en l'air, chaque New-Yorkais se sentait capable de voler.

[…]

« Tout cela nous amène à Central Park. Central Park ne se trouvait pas alors là où il est aujourd'hui.

– Mais seulement dans cette histoire, hein ?

– Il se trouvait alors en plein milieu du sixième district. Il en faisait la joie, le cœur. Mais quand il fut clair que le sixième district s'éloignait irrémédiablement, qu'on ne pouvait ni le sauver ni le retenir, la ville de New York se prononça par référendum pour le sauvetage du parc.

– Référendum ?

– Un vote.

– Et ?

– Et il fut unanime. Même les plus obstinés habitants du sixième district reconnurent ce qu'il fallait faire.

« On planta d'énormes crochets dans la bordure orientale du parc et les gens de New York le halèrent, comme on tire un tapis sur un parquet, du sixième district jusqu'à Manhattan.

« Les enfants furent autorisés à s'allonger dans le parc pendant qu'on le déplaçait. On considéra que c'était une concession, bien que nul ne sût pourquoi une concession était requise, ou pourquoi c'était aux enfants que cette concession devait être faite. Le plus gigantesque feu d'artifice de l'histoire illumina les cieux de la ville de New York cette nuit-là et le Philharmonique s'en donna à cœur joie.

« Les enfants de New York, allongés sur le dos, corps contre corps, couvraient chaque centimètre carré du parc, comme s'il avait été conçu pour eux et pour cet instant. Les gerbes de feu retombaient en cascade et leur pluie lumineuse se dissolvait dans les airs juste avant d'atteindre le sol, tandis que les enfants étaient halés, millimètre par millimètre et seconde par seconde, jusque dans Manhattan et l'âge adulte. Quand le parc atteignit l'endroit où il s'étend encore aujourd'hui, les enfants s'étaient endormis jusqu'au dernier, et le parc était une mosaïque de leurs rêves. Il y en avait qui poussaient des cris, d'autres qui souriaient sans le savoir, d'autres encore étaient parfaitement paisibles. »

Extrêmement fort et incroyablement près,
traduit de l'anglais par Jacqueline Huet
et Jean-Pierre Carasso

La légende du sixième district

Simone de Beauvoir disait de New York qu'elle était « une cité légendaire : de la réalité à la légende, il n'existe pas de chemin ». Quelle ville a davantage inspiré autant de légendes sur sa géographie et sa société ? La ville, tel un monstre, échapperait au contrôle de son constructeur. New York, sorte de Frankenstein urbain. John Carpenter imagine Manhattan devenue une gigantesque prison dans *New York 1997*. Dans *Je suis une légende*, le romancier de science-fiction Richard Matheson montre New York comme un désert dans un monde post-apocalyptique – mais le dernier homme sur terre est new-yorkais ! Ville caractérisée par un mouvement et une croissance permanente, ville du « tout est possible », New York est le théâtre de tous les imaginaires urbains, à commencer par celui des architectes. Ainsi la revue *American Architect* rêve-t-elle en 1929 d'une ville aérienne (*Aerial City*), sorte de ville-aéroport toute horizontale avec des toitures plates-formes d'atterrissage et des tours d'amarrage pour dirigeables. D'autres, comme Corbett, imaginent une Venise moderne à New York, avec des systèmes qui agrandiraient les îlots et les réseaux, autour de *superblocks*, grands espaces à l'échelle du Rockefeller Center. Jusqu'à Frank Lloyd Wright, génial architecte du Guggenheim Museum, qui propose en 1935 une utopie urbanistique, *Broadacre City*, où New York, décentralisée, se fondrait dans le paysage, mêlant espaces naturels et constructions modernes, dans une grande ville-jardin… *Ground zero*, chancre urbain sur la terre des tours jumelles détruites, est l'objet depuis 2001 d'une longue série de propositions architecturales et urbanistiques les plus diverses. New York continue d'écrire son histoire.

VOIR NEW YORK

La ville debout

LE CORBUSIER

Catastrophe féerique

Pour l'architecte urbaniste qui incarne la contemporanéité, New York inspire d'abord haine et amour, tant cet ordre du désordre inédit lui semble aussi humain qu'inhumain. L'enthousiasme l'emporte, la « Ville des temps nouveaux » s'imposant comme la construction la plus importante depuis les cathédrales du Moyen Âge...

Les gratte-ciel n'ont pas été construits sur une intention sérieuse et sage. Ils ont été les applaudissements à l'œuvre acrobatique. Partie gagnée : *gratte-ciel-proclamation.* Le gratte-ciel d'ici n'est pas un élément urbanistique, mais une bannière dans l'azur, une fusée de feu d'artifice, une aigrette sur la coiffure d'un nom désormais classé dans le Gotha de l'argent.

Du bureau net, au cinquante-sixième étage, l'immense fête nocturne de New York se déploie. Nul ne l'imagine s'il ne l'a vue. Minéralogie titanesque, stratification prismatique ruisselante des lumières infinies, en hauteur, en profondeur, en silhouette violente comme un graphique de fièvre au pied du lit d'un malade. Diamant, diamants incalculables.

Les grands maîtres des destinées économiques sont là-haut, comme des aigles, dans le silence de l'altitude. Assis à leur fauteuil, encadrés de deux fenêtres dont les glaces font entrer le décor dans l'ambiance, ils nous apparaissent pétris de la substance de cet événement aussi fort et violent qu'une mutation cosmique : New York, debout sur Manhattan, comme une pierre rose dans le bleu d'un ciel marin; New York, la nuit, comme une joaillerie illimitée. L'Amérique n'est pas peu de choses ! Face au vieux continent elle a installé, depuis vingt ans, l'échelle de Jacob des temps nouveaux. Un choc dans le ventre qu'on encaisse en ouragan.

« *I am an American.* »

Ce ne sont pas eux qui l'on dit. Je l'ai pensé pour eux. Et la poignée de main de Nelson Rockefeller est la poignée de fer d'un paysan.

Comment oseriez-vous maudire New York ? « Catastrophe féerique » (je reviendrai sur ce thème), splendeur d'unité, étincellement, promesse, preuve, acte de foi (quelle foi ?), etc.

C'est la première fois que les hommes ont projeté tout entiers leurs forces et leur labeur dans le ciel – une pleine ville en l'air dans le ciel. Quel désordre, mon Dieu, quelle furie ! Quelle perfection déjà, quelles promesses ! Quelle unité dans l'état moléculaire : rues en damiers, bureaux sur bureaux, cristallisation nette. C'est sublime et atroce, et plus rien ne va. Il ne reste qu'à y voir clair, penser, concevoir, recommencer. Mais oui New York est prête à recommencer. Ces gens ont de l'estomac !

Cet après-midi-là, j'avais parcouru au-delà de l'Hudson par le « Holland-Tunnel », le « Sky-way », autostrade dénommée : « le chemin du ciel », tant son immense déroulement au-dessus des régions industrielles, des bras de mer, des chemins de fer et des routes, s'élève haut sur ses pilotis ou ses arches. Route sans art parce qu'on a oublié d'y penser, mais outil prodigieux. « Le chemin du ciel » s'élève sur la plaine et conduit aux « gratte-ciel ». Venant des plates étendues du New-Jersey, il révèle d'un coup la Ville des Tours Inouïes.

Quand les cathédrales étaient blanches

« New York c'est une ville debout [...]. Elle ne se pâmait pas, elle se tenait bien raide, là, pas baisante du tout, raide à faire peur », raconte d'abord Céline de son expérience américaine. Des rivages de Brooklyn ou du pont du Queens, d'un trottoir ou du hublot d'un avion, même après plus d'un siècle de fascination et de vertige, la *sky line* de Manhattan, la ligne des gratte-ciel, demeure comme dans les années 1930 un tableau dont on ne se lasse pas d'admirer la perfection accidentelle. Avec son premier-né, le Flatiron Building (1902), sa star de cinéma, l'Empire State, et son chef-d'œuvre, le Chrysler Building – encore aujourd'hui la plus haute construction du monde en briques. Signes d'entre les signes de New York, Paul Bourget les appelle en 1895 des « écorcheurs de ciel » – traduisant littéralement l'expression locale *sky scrapers* –, ou des « presseurs de nuages ». Plus lyrique, Paul Morand y voit la huitième merveille du monde : « les uns semblent des temples au Soleil, les autres rappellent la pyramide aztèque de la Lune ». Pas un texte qui ignore ce qui n'est en réalité, en termes d'occupation d'espace, qu'un aspect mineur de la ville. C'est que le gratte-ciel est la principale source de dépaysement de New York – par ailleurs très européenne dans son dessin général et dans son organisation sociale –, que Lévi-Strauss explique par le trouble de la perception opéré par « le rapport entre la taille de l'homme et celle des choses distendu au point que la commune mesure est exclue », et qui fait selon lui de New York l'image même du paysage de Nouveau

Monde. Claude Arnaud, imaginant le monde recouvert par les eaux, y voit l'issue de la survie de l'espèce : « les sommets de Manhattan pourraient devenir une seconde Arche abritant des survivants de chaque ethnie... » « Quel rêve pour un bombardier... », commente Simone de Beauvoir avec un humour plus glacé, à la vue des tours du bas de Manhattan, lors d'un retour en ferry de Staten Island raconté dans *L'Amérique jour après jour*. Le 11 septembre 2001, en rasant avec les tours du *World Trade Center* le sommet de cette avenue du ciel, on a voulu détruire New York, et la possibilité d'une Arche.

PAUL MORAND

Les ponts, ou la gloire du fil de fer

New York *paraît en pleine époque « 1925 », mélange d'admiration et de controverse face au modèle américain. Écrivain mais diplomate, Paul Morand expose les attraits et les peurs qu'on peut ressentir dans cette « ville de contrastes ». Élégiaque, il décrit ici avec lyrisme la beauté des ponts de New York, et particulièrement le pont de Brooklyn... Réunion d'îles, si New York était un corps, ses ponts en seraient les bras.*

Les ponts !

Ponts de Brooklyn, de Manhattan, de Williamsburg et de Queensboro... Il est difficile de parler du pont de Brooklyn, le plus ancien de ceux de Manhattan, sans succomber à un accès de lyrisme. J'aime à y accéder à pied, à la tombée de la nuit, après en avoir suivi les butées, le long de Lower Madison Street, en bas de ces culées immenses, de ces maçonneries aveugles pareilles aux aqueducs de la campagne romaine. Cette arche unique emporte sur son dos, dans son filet de fer, quatre chaussées, deux pour les autos et deux pour les camions. Ces rues aériennes sont séparées par une double voie ferrée, où circulent les trains et les tramways. Par-dessus le tout s'élance, en plein ciel, une large route pour les piétons. Brooklyn Bridge a aussi sa beauté intérieure : c'est son rythme de trémolo, c'est sa flexibilité dans la force; tout le trafic de New York y passe, le matin ou le soir, et le fait vibrer comme une lyre. Un pont n'est qu'un cadre vide. Certains gâtent les paysages, les bouchent, les scalpent; d'autres, comme celui-ci, les rend à eux-mêmes; il commande la perspective et fixe d'une touche profonde et noire la brume indécise des lointains noyée dans l'ombre, entre ses filets d'acier.

Il faut plusieurs mois pour comprendre la grandeur délayée d'humidité de Londres; il faut plusieurs semaines pour subir le charme sec de Paris, mais faites-vous mener au centre de Brooklyn Bridge, au crépuscule, et en quinze secondes vous aurez compris New York. D'abord on ne voit rien, on est perdu dans un entrecroisement de charpentes, de tringles, de câbles dilatés par le soleil de l'après-midi. Huysmans, dans son célèbre article sur l'esthétique du fer, si méprisant pour l'art nouveau, n'aurait pu, ici comme devant la tour Eiffel, que « lever les épaules devant cette gloire du fil de fer et de la plaque, devant cette apothéose de la pile de viaduc, du tablier de pont ». Aimons, au contraire, cette immense charnière qui unit deux rives. Sous nos pieds, c'est le vide, la rivière qui, à quarante mètres plus bas, se laisse refouler par la mer. Au fond, la Liberté dans un brouillard pareil à un plumage des tropiques, de son bras dressé, appelle au secours. Le soleil, maintenant, a disparu, écrasant l'Empire Céleste de Mott Street, l'Italie de Canal Street, l'ancienne Hollande de Maiden Lane, toutes civilisations inférieures qui rampent respectueusement aux pieds de l'Argent; les gratte-ciel s'élèvent, sur une ligne; pareils à des lamaseries, dans un Lhassa inexpugnable, ils prennent une hauteur qu'ils n'ont pas, même lorsqu'ils sont vus de l'Hudson. C'est à pied qu'il faut traverser Brooklyn Bridge. Arrivé à mi-chemin, je m'arrête à l'entrée de cette ogive noire qui en soutient la superstructure ; en dessous, à travers des cages carrées suspendues dans le vide, les express doublent, avec un vacarme infernal, les tramways rouges qui crépitent d'étincelles vertes. Un moment de calme d'un deux centième de seconde, puis cela recommence. Froissement de fleurets pendant l'assaut.

New York
© Éditions Flammarion, 1930

Pont(s) aérien(s), où circulent en différents étages piétons, automobiles et métros, le pont de Brooklyn est plusieurs ponts en un. Son architecture, à ce titre, est révolutionnaire. La longue séquence de course-poursuite en voiture le long de la ligne de train B dans le film de William Friedkin *French Connection* célèbre la photogénie du pont de Brooklyn. Sous l'arche, la poésie est aussi forte : Dos Passos nous y promène dans *Manhattan Transfer* : « on eût dit qu'on marchait dans les étoiles. En bas, de tous les côtés, des rues s'effilaient en raies pointillées de lumières, entre des blocs d'édifices aux fenêtres noires. La rivière scintillait en bas, comme en haut la Voie lactée. Silencieusement, doucement, le faisceau d'un remorqueur glissa dans l'obscurité moite. Un tramway tourna sur le pont, faisant grincer les traverses et vibrer la toile d'araignée des fils comme un banjo secoué ». C'est de ces ponts que l'on mesure aussi le mieux la beauté de Manhattan, sa densité, son désordre magiquement ordonné. Le héros du *Bûcher des vanités* remarque ainsi en traversant le *Triborough bridge* que « toutes ces tours étaient collées si près qu'il avait l'impression de sentir leur masse et leur poids insensé ». Et c'est assis sur un banc au bord du 59e Street Bridge (le pont du Queens) que Woody Allen explique à Diane Keaton la beauté de la ville, dans une des plus belles images de New York jamais captées.

JEROME CHARYN

Les décombres du Bronx

Dans cet extrait du troisième volet de son quatuor policier qui arpente toutes les marges de New York, Jerome Charyn revient encore une fois dans son Bronx natal, terrain vague de prédilection des flics et des voyous...

Le chauffeur de taxi trimbalait deux andouilles à l'arrière de sa voiture : un petit enfant grisonnant et un gigantesque Irlandais en chaussettes puantes. Il les avait chargés dans Abingdon Square parce que les affaires ne marchaient pas fort et qu'il ne pouvait pas se permettre de choisir ses clients. Il frissonna en entendant le géant parler de Boston Road.

– Excusez-moi, jamais je ne trouverai Boston Road.

– On vous apprendra à la trouver, marmonna Patrick Silver.

Un bout de cuir éraflé pointait hors du maillot de football de Patrick, mais le chauffeur ne distingua nul renflement de revolver. Quelle espèce d'Irlandais se balade avec un holster vide ? Un escroc de Boston Road ? Un flic fasciné par le cuir ? Le chauffeur connaissait tous les commissariats, de Chinatown jusqu'à High Bridge, mais il n'avait jamais vu de flics aussi mal fichus que ceux-là : des gamins aux cheveux gris, vêtus de costumes de charité. Le plus petit n'arrêtait pas de se fourrer des caramels dans la bouche. Le chauffeur se tassa sur son siège pour absorber le choc de l'explosion des caramels.

Patrick choisit de passer par le pont de Willis Avenue. Le chauffeur se mit à bouder. Sous son taxi, l'eau grumelait comme du sang trop cuit. La rivière Harlem ne pourrait jamais, selon lui, être une authentique rivière; c'était les waters du Bronx, elle charriait de la pisse chaude, du sang et des ordures jusqu'à la mer. Un pissoir bouillant et deux imbéciles avec des mèches grises derrière les oreilles l'avaient coupé de Manhattan.

Ils passèrent au-dessus des vestiges d'une gare de marchandises, côté Bronx du pont. Ils se trouvaient à Mott Haven, à l'orée d'une ancienne zone industrielle envahie par les entrepôts et un chemin de fer hésitant qui semblait arriver en bout de course au bord de l'eau, avec des morceaux de voie prêts à se déverser à l'extrémité du quartier. Les entrepôts se penchaient vers le pont comme de gigantesques dents préhistoriques.

Le chauffeur se sentit beaucoup plus en sécurité en roulant dans le charnier de Southern Boulevard : des rues et des rues pleines de décombres. Le Bronx entier pouvait bien disparaître sous ses yeux. Qu'est-ce que ça pouvait lui faire ?

De petites épiceries-buvettes aux parois de tôle ondulée se mirent à surgir aux approches de Boston Road. Le chauffeur vit une nuée de voitures vertes. Il sourit en reconnaissant le vert « administration » : seul un flic assis sous une couverture se baladerait dans une grande bagnole verte. Les imbéciles qu'il transportait pouvaient-ils faire partie de la même équipe ?

– Dites donc, qui c'est que vous surveillez ? Des camés, des nègres, des sorciers ?

L'Irlandais le fit s'arrêter devant une confiserie misérable. C'était une boîte d'allumettes faite de tôle et de bois pourrissant, coincée dans le mur d'un immeuble ouvrier aux escaliers de secours rompus et auxquels il manquait des marches.

Kermesse à Manhattan,
traduit de l'anglais par Roseline Fitzgerald

La plupart des New-Yorkais ne connaissent du Bronx que le zoo, le jardin botanique, le stade des Yankees – et parfois le musée d'art contemporain. Pour voir le Bronx de Charyn, il faut regarder les photos de William Klein dans les années 1950 – le Robert Doisneau de New York. Dans son récit autobiographique *Bronx Boy*, Charyn décrit son adolescence dans le quartier qui demeure aujourd'hui la « dernière sortie » de New York, l'endroit le plus malfamé, longtemps laissé à l'abandon, et où l'on trouve des portiques de sécurité à l'entrée des écoles pour détecter les armes à feu. « On est dans le Bronx ici, c'est oiseau de proie qu'il faut être », apprend le jeune Charyn, plongé dans les guerres de bandes et l'organisation en gangs qui prévalent toujours. Des cinq *boroughs* de New York, le Bronx est le seul quartier continental, la seule partie de la Grande Pomme qui ait les deux pieds en Amérique, séparée de l'archipel new-yorkais par la rivière Harlem. La réalité n'est plus insulaire, inconsciemment moins protégée. La précarité, voire la misère, de certains périmètres, n'expliquerait pas à elle seule que le nom même du Bronx soit synonyme de danger, d'étranger, d'espace frontière, au-delà duquel les règles ne sont pas les mêmes. C'est en se perdant en voiture dans le Bronx que le héros du *Bûcher des vanités* entame sa descente aux enfers… Rouler dans le Bronx lui provoque immédiatement « une sorte de vague malaise abyssal et brumeux »... et c'est ce fantasme d'être dans le territoire hors-la-loi qui le conduit à sa perte. « Sidérant. Absolument vide, un vaste terrain ouvert. Bloc après bloc – combien de blocs ? six ? une douzaine ? Des blocs entiers de la ville sans un seul immeuble debout. Il restait les rues et les caniveaux et les trottoirs et les réverbères et rien d'autre. L'incroyable carte d'une ville était étalée devant lui, éclairée par le jaune chimique des lumières municipales. De-ci de-là, il y avait des traces de moellons et de gravats. La terre ressemblait à du béton, sauf qu'elle dégringolait par ici... Les collines et les vallées du Bronx... réduites à de l'asphalte, du béton et des cendres... sous un éclairage jaune fantomatique. Il dut y regarder à deux fois avant d'être certain qu'il roulait bien dans une rue de New York. »

ALAIN ROBBE-GRILLET

Graphisme des escaliers

Ville nouvelle, et donc ville pour un nouveau roman : comme Claude Simon, Alain Robbe-Grillet situe l'action d'un de ses récits expérimentaux à New York, laboratoire de toutes les expériences. Il est question ici des qualités graphiques des escaliers de secours qui grimpent sur les façades de nombreux immeubles de New York.

Bien qu'il semble par son allure vouloir davantage se protéger des regards que de la pluie, sa silhouette immobile attire au contraire tout de suite l'attention, parmi les quelques passants qui se hâtent après l'averse. Ceux-ci d'ailleurs sont déjà moins nombreux et l'homme, qui se sent soudain à découvert, se recule insensiblement vers l'encoignure d'une façade en décrochement, celle du numéro 789 *bis,* dont le crépi est peint en bleu vif.

Cette maison comporte trois étages comme toutes ses voisines (qui constituent, un mètre environ plus en avant, l'alignement général de la rue), mais elle doit être de construction moins ancienne ; elle est en effet la seule à ne pas se trouver pourvue de l'escalier de fer extérieur, prévu comme descente de secours en cas de sinistre : squelette de lignes noires entrecroisées qui dessine des Z superposés du haut en bas de chaque immeuble, s'arrêtant toutefois à trois mètres du sol. Une mince échelle amovible, habituellement relevée, complète l'ensemble pour faire le raccord avec la chaussée, et permettre de fuir l'incendie qui embrase l'escalier intérieur.

Un cambrioleur agile, ou un assassin, pourrait en sautant s'accrocher à la barre de fer la plus basse, effectuer un rétablissement, gravir ensuite sans aucune peine les marches métalliques jusqu'à la porte-fenêtre d'un étage quelconque et pénétrer dans la chambre de son choix en cassant seulement une vitre. C'est du moins ce que pense Laura. Le bruit du carreau brisé dont les éclats tintent en retombant sur le dallage, au bout du couloir, l'a réveillée en sursaut.

Redressée d'un seul coup, elle reste alors assise dans son lit, ne faisant plus un geste, retenant sa respiration, ne donnant pas de lumière par crainte de signaler sa présence au criminel qui, ayant avec précaution introduit la main entre les pointes vives du verre, à travers le trou qu'il vient de pratiquer d'un coup sec avec le canon de son revolver, ou avec la crosse guillochée, plus massive, ou avec le manche en ivoire de son couteau à cran d'arrêt, est en train à présent de manœuvrer sans bruit la crémone. La lueur crue du bec de gaz qui se trouve à proximité projette son ombre encore agrandie sur la façade claire, tout en haut de l'ombre déformée de l'escalier de fer, dont les différents réseaux de raies parallèles hachurent en un graphique précis et compliqué la surface entière de la maison.

Projet pour une révolution à New York

C'est d'abord pour ses qualités visuelles qu'Arman s'est installé à New York. « Ce qui m'intéresse est un paysage urbain, expliquait le sculpteur. C'est pour cela que j'ai décidé de vivre à New York, la grande métropole. » Paysage dont les qualités picturales et graphiques sont commentées par tous : Roger Vercel dans son roman *Été indien* (1956) voit dans Manhattan « un gigantesque domino posé verticalement sur sa tranche étroite ». De même, rêvant sur le dessin des rues en damier, le héros du *Voyage de Jérôme aux États-Unis d'Amérique* (1953), de Maurice Bedel, sorte de candide contemporain, décrit avec ironie ce « monde de la symétrie » qu'est New York : « c'était comme si on marchait sur une table de multiplication gravée dans une table d'orientation ». Signe des (anciens) quartiers populaires du bas de la ville, l'escalier de secours est le décor de séquences d'anthologie du cinéma, et notamment l'un des lieux phares de l'action de *West Side story*. Immeubles sans fin, ciel bleu électrique, New York s'impose comme une source de poésie pour tous les créateurs. Une grande partie de l'œuvre de Robert Rauschenberg développe des œuvres inspirées de la puissance photographique de son cadre de vie, New York, collant les signes de la ville sur une toile – panneau de signalisation, affiches, coupures de journaux, pneus de voitures... Les photographes du monde entier, de Cartier-Bresson à Nan Goldin, de Raymond Depardon à Nobuyoshi Araki, ont photographié New York. Un « tohu-bohu panoramique » dit la photographe suisse Catherine Gfeller ; une ville où, sans cesse, « des choses mystérieuses peuvent prendre place dans des lieux familiers », selon la formule de Saul Leiter, quatre-vingt-six ans, le doyen des photographes new-yorkais.

TOM WOLFE

Le métro, part d'ombre de New York

Tom Wolfe, le Zola de New York, explore dans ce roman somme les racines qui sous-tendent la ville et déterminent son énergie particulière. Le métro devient dans cet extrait la métaphore de ces dessous cachés qui explique les contrastes forts qui divisent New York.

Fallow n'avait aucune peur physique dans le métro de New York. Il aimait à se considérer comme un type dur, et jusqu'à aujourd'hui, rien de désagréable ne lui était jamais arrivé dans le métro. Non. Ce qu'il craignait – et cela équivalait à une véritable peur – c'était la misère. Descendre les marches de la station de l'Hôtel de Ville avec toutes ces ombres de pauvres gens, c'était comme de descendre, volontairement, l'escalier d'un donjon, un donjon très sale et très bruyant. Il y avait du béton grisâtre et des barreaux noirs partout, cage après cage, étage après étage, comme un délire entrevu à travers des barreaux dans toutes les directions. À chaque fois qu'une rame arrivait ou quittait la station, il y avait un cri d'agonie métallique, comme si quelque squelette d'acier géant était démantibulé par un levier d'une incroyable puissance. Comment se faisait-il que dans ce pays si bien engraissé, avec ses étalages obscènes de richesse et son obsession plus obscène encore pour le confort des gens, comment se faisait-il qu'ils soient incapables de créer un métro aussi calme, ordonné, présentable – et disons décent – que celui de Londres ? Parce qu'ils étaient puérils. Tant qu'il s'agissait de sous terre, hors de vue, peu importait à quoi cela ressemblait.

Fallow pouvait trouver une place assise à cette heure, si on pouvait appeler place cet espace étroit sur un banc de plastique. Dans son champ de vision, les cadavres flous d'une tonne des habituels graffitis, les habituelles ombres de pauvres gens, avec leurs vêtements bruns et gris et leur tennis – sauf deux, juste en face de lui, un homme et un garçon. L'homme, qui devait avoir la quarantaine, était petit et râblé. Il portait un costume gris à fines raies couleur craie, qui avait l'air cher et de très bon goût, une chemise blanche impeccable, et, pour un Américain, une cravate discrète. Il portait également une paire de chaussures noires, belles, bien faites et bien cirées. Les Américains, d'habitude, ruinaient un ensemble presque présentable en portant de grosses godasses minables et mal entretenues. (Ils voyaient rarement leurs propres pieds, et donc, puérils, ils se souciaient rarement de leur apparence.) Entre ses pieds, un attaché-case de cuir noir, visiblement assez cher. Il se penchait, pour parler à l'oreille du garçon, qui devait avoir huit ou neuf ans. Le garçon portait un blazer bleu marine, une chemise blanche et une cravate à rayures. Tout en parlant au garçon, l'homme regardait tout autour et remuait la main droite. Fallow se disait que ce devait être un type qui travaillait à Wall Street et qui avait fait venir son fils au bureau pour qu'il le visite, et que maintenant, dans le métro, il soulignait pour lui les arcanes de ce donjon en mouvement.

L'esprit ailleurs, il les regardait, tandis que la rame prenait de la vitesse et s'installait dans le balancement bruyant et bringuebalant de son trajet vers le haut de la ville. Fallow voyait son propre père. Un pauvre arbuste, un pauvre petit bonhomme qui avait eu un fils baptisé Peter, un pauvre petit raté assis dans ses meubles bohème dans sa maison en ruine de Canterbury… Et que suis-je, songea Fallow, assis dans ce donjon roulant dans cette ville de dingues, dans ce pays de fous ?

Le Bûcher des vanités
traduit de l'anglais par de Benjamin Legrand
© Éditions Robert Laffont, 1999

« Les groupes ethniques composant la population new-yorkaise avaient trouvé chacun son lieu d'élection […] On se dépaysait en franchissant quelques blocs » : pour Claude Lévi-Strauss, New York est moins une ville qu'« une agglomération de villages », avec ses rites et ses cultures, autant d'enclaves et de mondes différents : le quartier italien, portoricain, afro-américain, chinois… Le sociologue américain Richard Sennet définit ainsi New York comme « la ville des différences par excellence », espace où sont juxtaposées sans coexister des réalités « cloisonnées », fragmentées. L'idéal du *melting pot*, du mélange des gens et des genres, prend en réalité la forme d'une mosaïque de communautés. L'architecture unifiante de New York, base d'une certaine transparence et unité, n'a pas réussi à contrecarrer une machine socio-économique à fabriquer des oppositions. Une fragmentation cloisonnée que l'on retrouve encore dans le dessin du métro, qui, malgré ses nombreuses lignes, ne relie pas directement l'ouest de l'est de Manhattan – longtemps deux quartiers aux populations opposées. Néanmoins, avec ses 468 stations de métro qui jalonnent 500 kilomètres de voies ferrées, New York détient encore un record mondial… Un paysage cataclysmique, tout de bruit et de fureur, telle n'en est pas moins l'image récurrente de ce métro, cependant on ne peut plus fonctionnel, roulant 24 heures sur 24. Claude Simon, dans *Les Corps conducteurs*, en fait un des sujets de ses impressions new-yorkaises : « sa voix est couverte, noyée dans l'avalanche de bruit, l'affolant fracas de métal entrechoqué, concassé, comme une série de déflagrations, tandis que lancée à toute allure sur les voies du milieu une rame express traverse la station sans s'arrêter, les mêmes brochettes de bustes assis et sombres et de silhouettes aux bras levés emportées vertigineusement à l'horizontale défilent, hachées par les poteaux métalliques, et disparaissent, le fracas de catastrophe décroissant, s'enfuyant, la cargaison d'humains engloutie, aspirée dans les profondeurs de quelque séisme… » Une description qui pourrait illustrer le concept de Max Weber de la ville moderne vue comme une « cage de fer » emmurant les vies…

ANDY WARHOL

Atmosphère, atmosphère

Enfant du bassin minier de Pittsburgh, Andy Warhol, inventeur et héros du pop art, est devenu l'icône de l'artiste à New York. Le phénomène « Warhol » s'est réalisé dans le Manhattan des années 1960 et 1970, période clé qui façonne le style du New York contemporain, et place la ville à la pointe de toutes les modes. Dans ce texte, il s'agit de l'apparition des restaurants « design »...

À New York, il faut tout le temps nettoyer, et quand on a fini, c'est juste « pas sale ». En Europe, les gens nettoient beaucoup et quand ils ont fini, ce n'est pas seulement « pas sale », c'est propre. Et puis il semble bien plus facile de recevoir en Europe qu'à New York. II n'y a qu'à ouvrir en grand les portes sur le jardin et manger dehors, au milieu des arbres et des fleurs. Alors qu'à New York, c'est curieux, la plupart du temps ça ne marche pas. En Europe, même le simple fait de prendre le thé dans une courette peut être merveilleux. Mais à New York c'est compliqué – si le restaurant est agréable, la nourriture est mauvaise et si la nourriture est bonne, la lumière est mauvaise, et si la lumière est bonne, les courants d'air sont mauvais.

Les restaurants de New York ont quelque chose de nouveau – ils ne vendent plus leur cuisine, ils vendent leur ambiance. Ils disent : « Comment osez-vous dire que la nourriture est mauvaise ? Nous n'avons jamais prétendu qu'elle était bonne. Nous avons une bonne *atmosphère.* » Ils ont pigé que les gens avaient envie de changer d'atmosphère pendant deux heures. C'est pourquoi ils peuvent s'en tirer en vendant leur atmosphère avec un minimum de vraie nourriture. Bientôt, quand les prix alimentaires monteront pour de bon, ils ne vendront plus que l'atmosphère. Ceux qui auront vraiment faim pourront apporter leur nourriture quand ils sortiront pour dîner mais, sinon, au lieu de « sortir pour dîner » ils « sortiront pour l'atmosphère ».

Mon atmosphère préférée de restaurant a toujours été l'atmosphère des bonnes salles à manger américaines, toutes simples, ou même les bons comptoirs simples des snacks-bars américains. Les Schrafft's et les Chock Full O' Nuts du bon vieux temps sont les deux seules choses au monde dont j'aie la nostalgie. Où est le bon temps, dans les années 40 et 50, où j'allais avec insouciance dans un Chock Full O' Nuts me chercher un sandwich à la crème de gruyère avec des noix, sur du pain aux noix, sans me soucier de rien ? Peu importe ce qui change et à quelle vitesse, la seule chose dont nous ayons tous toujours besoin, c'est une bonne alimentation afin de voir quels sont les changements et à quelle vitesse ils arrivent. Le progrès est très important et très intéressant dans tous les domaines sauf la nourriture. Quand vous dites que vous voulez une orange, vous n'avez aucune envie qu'on vous demande : « Une orange comment ? »

J'aime beaucoup manger seul. Je voudrais créer une chaîne de restaurants pour les gens comme moi – je l'appellerais ANDYMATS, « Le restaurant du solitaire ». Vous choisissez vos plats et vous les posez sur un plateau pour aller regarder la télévision dans un box.

Ma Philosophie de A à B et vice versa,
traduit de l'anglais par Colette-Marie Huet

La primauté de l'esthétique sur la nourriture, de la forme sur le fond, est généralisée dans les restaurants de New York. Ici, le style fait l'espace. C'est à New York qu'en 1984, Andrée Putman crée le premier « boutique hôtel », le Morgans, dans un immeuble étroit plus adapté à un petit magasin qu'à un grand hôtel. La lacune de l'architecture en place – pas de grand hall ni d'espaces communs ouverts, petites chambres superposées faute de grands couloirs – fut compensée par une décoration très artistique : un design très stylé, qui fait encore aujourd'hui de l'hôtel Morgans (il vient d'être rénové par sa créatrice) un des endroits de charme de la ville. On doit faire un tour de ces décors d'atmosphère, qui sont autant d'expériences – plus ou moins heureuses – des mille et une façons d'être à table ou dans un lit. Les New-Yorkais recevant très peu chez eux – à la différence du début du XXe siècle –, on déjeune et on dîne nécessairement dehors, dans un des 18 696 restaurants que compte la ville. Dans un de ses poèmes américains, Jacques Roubaud évoque la froideur du service qu'il perçoit derrière l'obséquieuse politesse dans les restaurants de New York : « Choisirai-je sur la liste des *Quiche me baby* / l'une ? La serveuse me sert / sans un regard ; pose ; et m'enjoint : *Enjoy !* / Son ton implique le contraire exactement. / Je pense au *joi* des Troubadours et / frissonne (*shudder*) intérieurement. / On me dit qu'il s'agit d'une coutume / exclusivement new-yorkaise. / Dans le vocabulaire de la "théorie" / "postmoderne", "jouissance" / a le même effet réfrigérant. » (« Choisirai-je », *Churchill 40 et autres sonnets de voyage, 2000-2003*).

JONATHAN LETHEM

American graffiti

Une adolescence à Brooklyn dans les années 1970, ou le New York de la rue, des cultures urbaines du tag et du hip-hop, de la coexistence des Blancs et des Noirs. Le petit Dylan apprend ici comment le graffiti est un acte politique, signe de la conquête d'un territoire...

Un samedi de mars où s'amorçait le dégel, Dylan retrouva Mingus à midi. Ils remontèrent Court Street à travers le parc jonché de débris qui s'étendait au-delà de Borough Hall, pour une mission solennelle que Dylan ne comprit pas. Dans le parc, ils achetèrent des hot-dogs et des beignets au fromage enveloppés de papier paraffiné graisseux à la voiturette fumante d'un marchand, Mingus tirant un billet de cinq roulé en boule de la poche de sa parka. Il remballa la moitié de son beignet et le fourra à la place de l'argent, en réserve pour la destination inconnue. Tout de suite après le monument aux morts, le parc descendait vers les confins de Brooklyn, vers les quais croulants : parkings, barges d'ordures, dépôts de ferraille municipaux. La voie rapide reliant Brooklyn au Queens était une ombre vibrante, en contrebas, les chaussées laissaient encore entrevoir des pavés par endroits, ailleurs de vieilles voies de tramway étaient à demi enfouies dans l'asphalte récent.

Mingus montrait le chemin. Passant sous la rampe d'accès, ils prirent l'escalier de pierre qui montait à la lumière du soleil, sur la passerelle du pont, puis traversèrent le fleuve, la circulation mugissant dans des cages sous leurs pieds, des lambeaux de ciel gris s'accrochaient aux haubans du pont, l'échine de Manhattan, dentelée comme celle d'un dinosaure, se déroulait à leur vue à mesure qu'ils gravissaient la grande courbe au-dessus du fleuve. Les lattes de la passerelle étaient inégales, quelques-unes pourries. Un simple croisillon de fer riveté s'interposait entre le bout des baskets de Mingus et Dylan et l'eau miroitante, agitée. Le pont était une négociation, un compromis passé avec l'espace.

Ils s'arrêtèrent aux deux tiers. Sur la vaste tour plantée à l'entrée de Manhattan, se trouvaient deux somptueuses inscriptions peintes, rouge, blanc, vert et jaune badigeonnés à la bombe à une hauteur fantastique sur la surface rugueuse, et dont les contours avaient saigné dans les irrégularités de la pierre. La première inscription était MONO, la seconde LEE, syllabes vidées de sens, comme le DOSE de Mingus.

Dylan comprit ce que Mingus voulait lui montrer. Les noms peints s'étaient emparés du pont, l'avaient rattaché à l'âme secrète de la rue, annexé à Brooklyn. Des retentissantes, vaporeuses et intemporelles lettres de trois mètres de haut de Mono et de Lee aux gribouillages sur le classeur et sur le mur, aux bribes de gnose tracées un peu partout, la distance pouvait être parcourue jusqu'à la source, pas à pas. Les tags et leurs auteurs invisibles étaient la relève de la chique ou des super-héros de Marvel, le folklore caché. Mingus Rude extirpa son beignet à moitié entamé, le grignota, et tous deux restèrent bouche bée, hominiens devant un monolithe, entrapercevant leur avenir à défaut de le comprendre. Les voitures qui fonçaient en dessous ne se doutaient de rien. Les occupants des véhicules n'étaient pas new-yorkais de toute façon, ils étaient affectés d'un malentendu fondamental. Ces deux gamins sur la passerelle, apparemment immobiles, allaient plus vite que les voitures.

Forteresse de solitude,
traduit de l'anglais par Adèle Carasso et Stéphane Roques

Dans le film underground culte *Downtown 81*, Jean-Michel Basquiat, autre enfant de Brooklyn, interprète son propre rôle d'artiste peintre de graffitis, commençant sa carrière sur les murs du Lower East Side, avant de conquérir par le tag les plus grandes galeries de New York, le parrainage d'Andy Warhol, la gloire et l'argent, et puis la mort à vingt-huit ans à la suite d'une overdose d'héroïne. Les années 1980 furent l'âge d'or d'une culture urbaine avec ses squats, ses fêtes ininterrompues, ses drogues anesthésiantes, ses nouvelles expressions musicales et plastiques. Une avant-garde et une contre-culture qui ont participé à la diffusion de l'image d'un New York à la pointe de la mode et de la création, et qui sont restées des forces spontanées et marginales jusque dans les années 2000. Depuis, les rues de New York se sont institutionnalisées. Aujourd'hui, le graffiteur de cartoons le plus célèbre de cette époque, Keith Haring, mort du Sida en 1990, est une des valeurs les plus cotées du marché de l'art, et ses tags provocateurs, comme les œuvres de Basquiat, sont les tableaux les plus prisés de la jet-set et des musées du monde entier. Comme le montre le roman de Lethem, tous les quartiers ou presque de New York se sont embourgeoisés, à commencer par Brooklyn, Williamsburg étant devenu le quartier bobo de New York, avec cafés, restaurants, galeries, théâtres et immeubles résidentiels très chic bohème. Il faut plutôt aller à Bushwick pour trouver le dernier lieu de l'underground, concerts hors circuit et expositions de *street art*.

ANDRÉ BRETON

Flore surréaliste sur l'Hudson

Dans un entretien pour le magazine View *en 1941, le journaliste américain Charles Henri Ford demande à André Breton : « Plutôt que de New York, vous préférez, je crois, nous parler de la campagne autour de New York... » Le chef des surréalistes, qui vit là en exil depuis plusieurs années, commente son goût de New York côté jardin...*

J'ai beaucoup aimé ce que j'ai vu du cours de l'Hudson et de ses îlots de verdure – l'île flottante – qui gardent, sans doute à travers des livres d'enfance, quelque chose de secret et de menaçant. Je me suis plu à l'extrême à reconnaître pour la première fois sur certaines pelouses, à cinq heures de l'après-midi, la lumière unique *d'apparition* qui baigne, à l'exclusion de tous autres, certains poèmes de Poe tels qu'« Ulalume ». Chez André Masson, au cœur d'un petit bois, j'ai eu l'émerveillement de découvrir si craintive, si ambiguë, la petite « pipe d'indien » qui, plus qu'aucune autre plante, participe de cette lumière. C'est aussi avec lui que m'a été donné d'admirer, déclinant en liberté tous les tons de feuillage, le « tangara écarlate ». La flore proprement surréaliste s'est enrichie pour moi d'une nouvelle espèce : la fougère à cornes d'élan suspendue aux plafonds dans sa superbe carapace de tortue. Mais, par-dessus tout, j'ai commencé à m'initier au mystère des papillons d'Amérique. Quelle splendeur et quelle énigme que le papillon-lune ! Ne trouvez-vous pas inadmissible que l'homme se soucie aussi peu du papillon ? Est-ce que la description d'une plante devrait pouvoir se passer de celle de la chenille ou de la larve qui vit d'elle plus ou moins électivement ? Cette affinité qu'elle présente avec tel organisme animal n'est-elle pas aussi significative que son type d'inflorescence par exemple ? Mais la manie de classification tend à l'emporter sur tout véritable mode de connaissance. Je crains que la philosophie de la nature n'ait pas fait un pas depuis Hegel...

Entretiens, 1913-1952

New York, c'est aussi l'État de New York, avec, au-delà de la ville verticale, toute une campagne très verte qui fait la part belle à la nature, dissimulant l'habitat humain dans des pavillons de bois très intégrés dans un décor de forêts encore sauvages où l'on peut parfois apercevoir des ours... C'est là, au vert, qu'ont vécu et créé tant d'artistes, de Pollock à De Kooning, que se cachent les stars de cinéma (Paul Newman vivait à la campagne, comme Robert Redford ou Richard Gere quand il est à New York) et que sont installées la fondation d'Art Dia (à Beacon), ou encore la fondation Art Omi qui héberge des artistes venus du monde entier. Une campagne à la flore et la faune abondantes, mais qui fait place à la réalité la plus civilisée : c'est à cinquante minutes du Washington Bridge, à Mountainville, qu'on trouve le plus grand parc de sculptures du monde. Le Storm King Art Center expose plus de deux cents œuvres monumentales à ciel ouvert sur deux cents hectares de champs et de prés. Quelle scène plus surréaliste que de tomber sur une araignée de Louise Bourgeois de cinq mètres de haut en pleine forêt? À l'opposé de Breton, Mondrian est venu à New York, dit-on, car c'était la ville où il avait trouvé le moins d'arbres et qu'il détestait la couleur verte – on ne la retrouve jamais dans sa peinture. Warhol remarque dans *Ma Philosophie de A à B et vice versa* la quasi-absurdité des rares arbres dans les rues de New York, tant l'absence de verdure les rend insolites, et ironise sur leur impossible labeur de devoir fournir en si petit nombre oxygène et chlorophylle pour des millions de personnes…

VIVRE NEW YORK

Le pays de la chance

EDITH WHARTON

Philosophie de la philanthropie

Portraitiste par excellence des splendeurs et misères de la bonne société du New York du début du XX*e* *siècle, jusque dans la moindre des mondanités, Edith Wharton a consacré une grande partie de son œuvre à croquer en balzacienne des scènes de la vie new-yorkaise. Il est ici question de la philanthropie, qui gère le lien social et régit la vie des réseaux…*

Manford, le lendemain du soir où sa fille l'avait aperçu à *La Terrasse*, partit tôt le matin pour faire une de ses longues promenades dans Central Park. On ne l'attendait pas à son cabinet avant dix heures, et il voulait marcher jusqu'à épuisement.

Durant quelques années après son mariage, il avait gardé un cheval en ville, et avait fait en selle ses exercices matinaux; mais trotter chaque jour dans les mêmes allées cavalières c'était un peu comme faire le tour du jardin de sa femme. Il se mit donc à faire de longs parcours à pied pour avoir un sentiment de liberté, et quand le temps lui manquait, il avait recours à un masseur qui le préparait comme d'autres clients à ces heures d'agitation sédentaire connues sous le nom de *business*. La routine new-yorkaise l'avait pris au piège, et il avait parfois l'impression qu'il n'y avait pas de différence intrinsèque entre la frénésie de Pauline et la sienne. Tous ces avocats, banquiers, agents de change, industriels des chemins de fer ou autres, semblaient vouloir tromper leur vide intérieur par des activités aussi futiles que celles des femmes qu'ils retrouvaient le soir chez eux.

Il y avait dans tout cela quelque chose de fondamentalement vain. Tous avaient des projets mirobolants pour accroître leur fortune, et qu'en résultait-il d'autre que de plus grandes maisons, de plus grands dîners, de plus grandes automobiles, de plus grosses perles, et des actions philanthropiques encore plus nettement teintées d'autosatisfaction ?

La philanthropie était ce qu'il détestait le plus : toutes ces organisations coûteuses pour l'éducation morale de force, pour obliger tout le monde à être plus propre, plus fort, plus sain, plus heureux qu'on ne peut l'être en suivant la seule lumière de la Nature. Parfois, il éprouvait une si forte envie de s'échapper dans un monde où les hommes et les femmes vivaient et mouraient, péchaient et procréaient à leur guise, sans l'intervention perpétuelle de millionnaires optimistes, qu'il se disait que la chaîne de l'habitude était prête à se rompre dès son premier écart.

C'était cela qui l'avait secrètement attiré vers la femme de Jim. Lita était, dans son entourage, la seule personne pour qui les mots d'ordre de son milieu ne signifiaient rien du tout. Les autres, aussi étaient égoïstes et indifférents, mais ils barbouillaient leurs convoitises d'un altruisme verbeux. Cette dissimulation était autrefois un devoir envers son voisin; c'était maintenant un devoir envers soi-même. Devoir, devoir – toujours le devoir! Mais quand on parlait de devoir à Lita, elle ouvrait tout grands ses yeux et disait : « Oh, comme dans une cérémonie de mariage ? “Amour, honneur et obéissance”... quel drôle de mélange ! Qui a bien pu inventer ça ? J’imagine que c’est Pauline ! » On ne pouvait jamais retenir son attention sur un objet étranger à sa satisfaction immédiate, et cette sincérité animale était pour Manford son plus grand charme. Un trop grand charme... un charme terriblement dangereux. Il le comprenait maintenant. Il avait cru aller chez elle pour se détendre, se changer les idées – il s’était en fait arrêté juste à temps au bord d’un précipice. Mais l’autre soir, quand il lui avait montré cette ignoble photographie, il aurait pu, comme un vieil idiot qu’il était, verser dans le sentiment ; et Dieu sait où cette chute l’aurait fait atterrir ! À présent, une intense pitié avait remplacé son émotion niaise, la funeste sirène n’était plus qu’une enfant égarée, et il désirait seulement la sauver pour le bien de Jim.

Les New-Yorkaises,
traduit de l’anglais par Jean Pavans

Dans un système où la culture et la solidarité sont régies par la générosité de tous plutôt qu’en direct par l’État, en contrepartie de déductions fiscales proportionnelles au taux d’imposition, on compte un million et demi d’associations caritatives et culturelles. Les plus importantes de ces fondations ont leur siège à New York. « C’est l’esprit pionnier qui explique la philanthropie aux États-Unis, raconte Patrick Gershel, un des grands mécènes de la culture à New York. Sans structure d’État préexistante, les pionniers ont dû financer eux-mêmes hôpitaux, écoles et théâtres, à mesure qu’ils occupaient un territoire. » À New York, les saisons de galas de bienfaisance, à l’automne et au printemps, remplissent l’agenda des chefs d'entreprise, banquiers et rentiers qui achètent leur couvert entre 1 000 et 100 000 $ selon le prestige de la cause – du fonctionnement annuel d'un musée à l'anniversaire du président Clinton au profit des malades du sida. Ces « aristocrates du chèque » comme les appelait Paul Bourget dans sa préface à un autre roman d'Edith Wharton *Chez les heureux du monde*, incarneraient cette « étrange civilisation » qui à la fois « respire l'esprit d'égalité » et de solidarité, et, en même temps, arbore un train de vie comme « aucun prince italien de la Renaissance n'a plus librement déployé tous les caprices de sa fantaisie ». Leurs noms ornent en lettres d'or les façades et les murs des institutions, à commencer par les centres culturels : Carnegie Hall, la salle de concerts la plus prestigieuse, doit son nom à la générosité d'Andrew Carnegie, comme le théâtre de l'Alliance française de New York est baptisé le Florence Gould Hall du nom de la fondation donatrice… De gala en première, toute une partie de la sociabilité de New York se fait donc en tenue de soirée. Des mondanités aussi formelles que policées, chez de riches New-Yorkais souvent plus saxons qu'anglo, qui sont très sensibles à la pression des codes… Cocteau, qui s'y connaissait en coteries, remarque : « Jamais dans mes contacts avec les milieux les plus divers, je n'ai entendu médire du prochain. La médisance n'existe pas à New York, et si elle existe, elle ne se donne pas en spectacle. »

FRANCIS SCOTT FITZGERALD

Signes extérieurs de richesse

Dans un château de Long Island, le Tout-New York vient assister aux fêtes somptueuses organisées par le mystérieux Gatsby, dont personne ne sait qui il est ni d'où il vient... Musique, argent et alcool : la description de cette fête d'été dans les Hamptons par Fitzgerald, est encore d'actualité, chaque week-end d'été, dans les maisons de plage de Southampton ou Watermill...

On entendait de la musique chez mon voisin pendant les nuits d'été. Des hommes et des femmes voltigeaient comme des phalènes à travers ses jardins enchantés, dans une atmosphère de murmures, de champagne et d'étoiles. L'après-midi, à marée haute, je pouvais voir ses invités s'envoler du plongeoir, ou rôtir au soleil sur le sable brûlant de sa plage, tandis que ses deux hors-bord fendaient les eaux du détroit en entraînant des aquaplanes dans des cataractes d'écume. En fin de semaine, sa Rolls-Royce se transformait en autobus et faisait d'incessants va-et-vient entre sa maison et New York, de neuf heures du matin à minuit largement passé, et sa camionnette jaune vif vrombissait comme un hanneton sur la route de la gare pour ne manquer l'arrivée d'aucun train. Et le lundi, huit domestiques, dont un jardinier spécialement convoqué, travaillaient toute la journée, armés de balais, de brosses en chiendent, de marteaux et de sécateurs, à effacer les ravages de la veille.

Chaque vendredi, un fruitier de New York livrait cinq cageots d'oranges et de citrons – et chaque lundi matin, ces mêmes oranges et citrons formaient devant sa porte de service une pyramide d'écorces vides. Sa cuisine était équipée d'un appareil capable de presser deux cents oranges en moins d'une demi-heure, à condition que le pouce d'un majordome qualifié appuie deux cents fois sur un petit bouton.

Tous les quinze jours environ, une équipe de charpentiers-décorateurs apportaient de grandes bâches et des quantités de lampions multicolores, pour transformer les immenses jardins de Gatsby en arbre de Noël. On dressait des buffets, où des hors-d'œuvre chatoyants et des jambons fumés bardés d'épices côtoyaient des salades bigarrées comme des arlequins, des pâtés de porc et des dindes magiquement changées en or brun. On installait dans le hall un vrai bar, avec repose-pieds en cuivre, garni de tous les alcools imaginables, et de flacons de liqueurs extrêmement rares, oubliées depuis si longtemps que la plupart de ses invitées féminines étaient trop jeunes pour les distinguer l'une de l'autre.

L'orchestre se mettait en place vers sept heures – non pas un misérable quintette, mais toute une armée de trombones, de hautbois et de saxophones, de violons, de trompettes et de piccolos, de caisses claires et de timbales. Les derniers baigneurs sont rentrés de la plage à cette heure-là, et s'habillent dans les chambres. Les voitures venues de New York se garent par rangs de cinq dans les contre-allées, et les salons, les vérandas, les couloirs, s'animent de couleurs criardes, d'étranges coiffures dernier cri et de châles brodés à faire pâlir les Castillanes. Le bar est pris d'assaut, des plateaux de cocktails se faufilent dans les jardins, l'air s'en imprègne peu à peu et résonne de petits cris, de petits rires, de mystérieux sous-entendus, de présentations oubliées sitôt faites, d'exclamations extasiées de femmes qui se croisent sans même savoir qui elles sont.

Gatsby le magnifique,
traduit de l'anglais par Jacques Tournier

La vie de la jet-set new-yorkaise ne s'arrête pas le vendredi soir, elle change seulement de quartier. À partir du mois de juin et jusqu'en septembre, c'est à deux heures de route – ou de train – de New York que la Belle Société se retrouve pour une série ininterrompue de festivités. Le fric, c'est chic : pour vivre heureux, vivons exposés, et non pas cachés, comme dans la vieille Europe. Dans la culture de la fête, New York fait primer la quantité sur la qualité. C'est l'accumulation qui compte, l'excès. Montrer son argent, c'est démontrer son pouvoir. Éminemment positif, le luxe est un standard social à New York, le signe de la réussite matérielle, objectif premier de l'épanouissement individuel. Parce qu'ils ont valeur d'exemple, on doit arborer avec fierté les signes extérieurs de sa richesse.
Le lieu commun de l'extraordinaire énergie new-yorkaise vient pour Edgar Morin de la circulation compulsive de l'argent : « l'énergie déferle sur, dans, par l'argent ». Preuve par le contraire : en plein krach financier, les magasins se vident, les fêtes sont annulées ; la ville électrique semble éteinte… Le héros du rêve américain porte à New York les habits d'un nouveau riche : c'est l'homme

qui s'est fait tout seul, à l'image d'un Ralph Lauren, alias Ralph Lipschitz, modeste vendeur de cravates de Brooklyn devenu milliardaire de l'industrie de la mode. Si les fortunes de la Nouvelle-Angleterre cultivent encore un mode de vie hérité du charme discret de la bourgeoisie anglaise, les millionnaires de New York affichent leur niveau de vie comme un diplôme d'université. La fortune doit être ostentatoire, elle n'abrite pas une tradition mais raconte le récit d'une histoire, celle d'une de ces *Success Stories* qui sont au fondement de la culture de New York.

TRUMAN CAPOTE

Je consomme, donc je suis

Holly Golighly, starlette new-yorkaise incarnée au cinéma par Audrey Hepburn, explique son expérience de l'aliénation à la consommation comme on parle d'une drogue. La vitrine du bijoutier Tiffany devient la porte de ce paradis artificiel. À New York, luxe égale calme et volupté...

Elle sourit et laissa glisser le chat sur le parquet. « C'est comme pour Tiffany, dit-elle. Ça n'est pas que je tienne le moins du monde aux bijoux. Les diamants, oui. Mais ça vous colle aux doigts de porter des diamants avant que vous ayez quarante ans. Et même après, c'est risqué. Ils ne sont vraiment à leur place que sur les bonnes femmes vraiment vieilles. Maria Ouspenskaya. Des os, des rides, des cheveux blancs, des diams. Je ne peux pas attendre. Mais ce n'est pas pour ça que Tiffany me rend folle. Écoutez. Vous savez ces jours où vous êtes dans le cirage ?

– Autrement dit le cafard ?

– Non, fit-elle méditativement. Le cafard c'est quand vous craignez d'engraisser ou quand il a plu trop longtemps. Ça vous rend triste, c'est tout. Mais le cirage, c'est horrible. Vous avez peur, vous suez d'angoisse, mais vous ne savez pas de quoi vous avez peur. Sauf que quelque chose d'horrible va vous arriver mais vous ne savez pas quoi. Vous avez déjà eu ça ?

– Très souvent. Il y a des gens qui appellent ça l'*angst*.

– Très bien. Va pour l'*angst*. Mais qu'est-ce que vous devenez dans ce cas-là ?

– Un verre ne fait pas de mal.

– J'ai essayé. J'ai aussi essayé l'aspirine. Rusty pense que je devrais fumer de la marijuana, et je l'ai fait un bout de temps, mais ça me donnait seulement la danse de Saint-Guy. Ce que j'ai trouvé de mieux c'était de prendre un taxi et d'aller chez Tiffany. Ça, ça me calme immédiatement. La sérénité, l'air de supériorité. On a le sentiment que rien de très mauvais ne pourrait vous atteindre là, avec tous ces vendeurs aimables et si bien habillés. Et cette merveilleuse odeur d'argenterie et de sacs en crocodile. Si je pouvais trouver dans la vie un endroit qui me procure la même impression que Tiffany, alors j'achèterais quelques meubles et je baptiserais le chat. Je me dis que peut-être, après la guerre, Fred et moi… » Elle releva ses lunettes noires et ses yeux avec leurs différentes couleurs, le gris, les traînées de bleu et de vert, prirent une expression d'acuité visionnaire. « Une fois je suis allée à Mexico. C'est un pays merveilleux pour l'élevage des chevaux. J'ai vu un endroit au bord de la mer. Fred s'y connaît bien en chevaux. »

Petit déjeuner chez Tiffany,
traduit de l'anglais par Germaine Beaumont

La scène se passe chez Barneys, autre temple du luxe de Manhattan, à l'angle de Madison Avenue et de la 60e Rue, au cœur du triangle d'or de l'Upper East Side, quelque quarante ans après le récit de Truman Capote. Dans le salon V.I.P. du grand magasin, réservé aux clients d'exception, une importante délégation du personnel se tient en cercle autour d'une splendide malle Goyard, comme un cortège officiel escortant un trône pontifical. Entrent deux jeunes gens. A., gérant bien peigné d'un *hedge funds* de Wall Street, montre ce must de l'art du bagage à J., sa blonde petite amie qui rêve depuis toujours de ce sac à main géant : « elle est à toi, chérie... Approche-toi, ouvre le tiroir du haut... » L'imposant équipage sur roulettes en cuir précieux cache en son sein une bague dont les diamants, lorsqu'ils apparaissent au jour, viennent scintiller jusque dans les larmes des vendeuses, spectatrices convoquées de cette demande en mariage tellement romantique... Fiançailles de rêve dans l'imaginaire new-yorkais ; scène vue et attestée. La réalité de New York dépasse la fiction : si la ville était une marque, ce serait sa signature. Offert aux yeux de tous, pauvres et riches, le luxe est ici un spectacle, dont on consomme autant les signes et les marques que les produits eux-mêmes.

« *I shop therefore I am* » (je consomme donc je suis) : ainsi l'artiste Jenny Holzer traduit-elle en américain le cogito cartésien. Dès 1788, rapportant son *Nouveau voyage dans les États-Unis de l'Amérique septentrionale*, Jacques-Pierre Brissot de Warville, aristocrate voltairien et révolutionnaire, note que « s'il est une ville du continent américain où le luxe anglais se déploie, c'est New York ». Avant de constater, moraliste : « Le luxe forme déjà dans cette ville une classe d'hommes bien dangereuse : c'est celle des célibataires. Les dépenses des femmes font redouter le mariage... » Serait-ce encore le même syndrome qui expliquerait aujourd'hui un ratio de cinquante pour cent de célibataires à New York ?...

BOB DYLAN

Le sentier de la gloire

Bob Dylan arrive à New York au début des années 1960 : « une ville toile d'araignée, trop compliquée pour la comprendre, et je n'allais pas essayer ». Il raconte dans ses mémoires comment il se laisse ainsi porter par le courant d'énergie de New York, la ville étant par essence ouverte à tout ce qui est nouveau et donc à tous les jeunes talents… « Greenwich Village regorgeait de clubs, de bars et de cafés, tous dédiés au folk »…

New York ne l'impressionnait pas : « Une bande de singes, cette ville. » Avec elle, on saisissait tout de suite. J'ai mis ma casquette, mon manteau, j'ai attrapé ma guitare et j'ai rassemblé mes affaires. Chloe savait que je voulais arriver. « Peut-être qu'un jour ton nom se répandra dans le pays comme une tramée de poudre. Si tu récoltes deux cents dollars, achète-moi quelque chose. »

J'ai refermé la porte derrière moi, longé le couloir, descendu l'escalier à hélice, traversé le rez-de-chaussée marbré. Les murs sentaient la Javel. J'ai poussé gentiment la porte de la petite cour, puis le portail à losanges avant de me retrouver sur le trottoir. Mon écharpe autour de la tête, j'ai pris la direction de Van Dam Street. Il y avait une calèche au coin de la rue, couverte de fleurs, toutes protégées par un film en plastique, mais pas de cocher en vue. New York était pleine de ce genre de trucs.

J'avais toujours des airs de folk dans la tête. Les folk-songs racontent l'histoire clandestine. Si on vous demandait ce qu'il se passait, eh bien « M. Garfield s'est fait tirer dessus, on l'a étendu. Il n'y a plus rien à faire ». Voilà ce qu'il se passait. Personne n'avait besoin de vous faire préciser qui était M. Garfield, on hochait la tête, on savait. Tout le pays en parlait. C'était simple – ça paraissait tomber sous le sens, inscrit dans une formule magique.

New York, capitale du monde, était froide, emmitouflée, mystérieuse. Je suis passé sur 7th Avenue devant l'immeuble où Walt Whitman avait vécu et travaillé. M'arrêtant un instant, je l'ai imaginé graver la musique de son âme. J'avais déjà levé un œil mélancolique vers les fenêtres d'Edgar Poe, 3rd Street. La ville était un bloc de pierre brute, sans inscription et sans relief, insensible au favoritisme. Tout était toujours neuf, tout changeait tout le temps. Jamais la même foule dans les rues.

J'ai traversé Hudson Street jusqu'à Spring Street, je suis passé devant une poubelle pleine de briques, et je suis entré dans un café. Au comptoir de midi, la serveuse portait une veste en daim qui mettait en valeur ses jolies courbes. Elle avait les cheveux noir-bleu sous un fichu, des yeux bleus perçants, les sourcils soulignés d'un trait de crayon clair. J'aurais aimé qu'elle glisse une rose à ma boutonnière. Lorsqu'elle m'a servi une tasse de café fumant, je me suis retourné vers la vitrine. La ville entière se balançait devant mon nez. J'avais une idée nette de l'endroit où se trouvaient les choses. Il n'y avait pas à s'inquiéter pour l'avenir. Il était infiniment proche.

Chroniques, traduit de l'anglais par Jean-Luc Piningre

Dans sa biographie de Warhol, Michel Nuridsany explique « cette extraordinaire confiance en la jeunesse qui conduit le *New York Times* à donner, le plus naturellement du monde, la couverture du magazine à de jeunes artistes. Parce que ça ne coûte rien de se tromper. Parce que l'éthique de la confiance arbitraire donne un dynamisme fou à tout le monde ». « Nous sommes dans le pays de la chance », comme dit Dos Passos dans *Manhattan transfer*. Des artistes du monde entier continuent de venir tenter la fortune dans une ville qui reste la capitale mondiale des industries culturelles, avec ses mille et une galeries d'art, les plus grands salons professionnels de musique (le CMJ) et de spectacle vivant (l'APAP). Une concentration qui entraîne un bouillonnement créatif. « J'aime tant ce débordement de spectacles, toute cette force non contenue, cette virulence même dans l'erreur. C'est très jeune », note déjà Fernand Léger en 1931 dans ses *Cahiers d'art*. C'est à New York que furent révélés des artistes français comme Marcel Duchamp, ou Arman, qui s'y installe en 1961, découvrant dans la « capitale de l'accumulation » la cité idéale pour ses sculptures : « J'avais besoin de New York, expliquait-il. Rauschenberg a un mot très joli : il parle d'urgence. J'ai ressenti l'urgence de m'établir à New York et à cet impératif j'ai sacrifié ma maison, ma famille, mes enfants ». Poser les pieds à New York ne signifie pas pour autant le succès : « certains artistes m'appellent pour me demander comment j'ai fait pour réussir à New York, précisait Arman. Je leur réponds : c'est une lutte permanente ». Traduisez : de l'action et de l'initiative ; comme Charlie Parker, dit-on, lança le jazz à Broadway par accident, en improvisant un concert dans un restaurant, après avoir été renvoyé d'un orchestre de radio. Ce sont ces musiciens qui donnèrent son surnom de *Big Apple* à New York : car s'il y a beaucoup de pommes sur un arbre, quand tu cueilles New York, tu cueilles la grosse pomme...

MARYSE CONDÉ

Nocturne américain

Vivant entre New York et la Guadeloupe, Maryse Condé raconte les tribulations d'un jeune Antillais à New York, qui vit de petits boulots et d'expédients. Les fastes de la vie sociale new-yorkaise vus des vestiaires d'une boîte de nuit…

Finalement, grâce à un copain de Zaramian, il fut engagé aux toilettes de la Chauve-Souris, un dancing très populaire qui était situé dans le Meatpacking District au cœur d'un enchevêtrement d'immeubles vétustes d'aspect patibulaire. Cet emploi peu glorieux lui rapportait de quoi ne pas mourir d'inanition.

Carrelées de blanc et noir, situées en sous-sol, les toilettes de la Chauve-Souris n'étaient pas ce que le naïf peut imaginer, un endroit où chacun vient se soulager des tristes besoins naturels. C'était un lieu où les danseurs, abandonnant pour un instant les flonflons de la piste, descendaient se piquer, sniffer, tirer un coup en bande entre garçons, ou avec une ou plusieurs filles. Si au cours de l'année écoulée on avait dû déplorer l'issue tragique d'une bonne demi-douzaine d'overdoses, en revanche, on ne comptait pas de viols. À la Chauve-Souris, le sexe était toujours consentant. Les habitués des toilettes étaient généreux avec celui qui savait fermer les yeux quand il le fallait, tenait les lieux aussi propres que possible et veillait à la sécurité. Ni bagarres. Ni coups de feu. Aussi, au lieu des cinquante cents requis, ils jetaient bien davantage dans sa soucoupe. Parfois même des billets froissés. Kassem s'était vite habitué à l'odeur des désinfectants, pour lui moins intolérable que celle des « parages », à la pénombre, à l'humidité de ce sous-sol où, vêtu de son uniforme rouge frappé dans le dos d'un gigantesque insecte noir, il allait, venait, régnait en maître. Il ne redoutait que les moments où il fallait ranimer ceux qui avaient bu avec excès et nettoyer leur vomi. À part cela, il s'acquittait avec maestria des autres tâches. D'une main experte, il passait la serpillière, tirait la chasse, promenait le balai-brosse dans les cuvettes, rechargeait les distributeurs de serviettes, replaçait les rouleaux de papier double épaisseur, ramassait aiguilles et seringues. À l'aube, les poches pleines d'une moisson de dollars, il se traînait en tremblant vers le métro. Car le Meatpacking District n'est pas un quartier rassurant, malgré sa remarquable « *gentrification* ». Les anciens entrepôts, peu à peu reconvertis en immeubles d'habitation, semblaient abriter une faune inquiétante. Le métro surtout, désert à cette heure, terrifiait Kassem. Il s'effondrait sur un siège inconfortable, somnolait fiévreusement, ouvrait l'œil par à-coups sur quelques sans logis, estropiés, voyous, mendiants, jusqu'à son arrêt de Eastern Parkway. Curieusement tant qu'il était à la Chauve-Souris, il agissait comme un zombie. Il ne pensait à rien. Puisque certains philosophes ont défini le bonheur par l'absence de désirs, de sentiments, alors on aurait pu dire qu'il était heureux.

Par contre, dès qu'il sortait de la bouche de métro et voyait poindre l'alignement des arbres, rigides et noirs dans le tapis de neige, comme un fusain de Bernard Buffet, les chiens de la douleur fonçaient sur lui. De la meute, il ne savait lequel des rottweilers était le plus féroce. La peine d'être séparé d'Aminata était constante.

Les Belles ténébreuses

New-yorkaise originaire d'Inde, Purnima affirme que « le vrai tiers-monde est ici ». Au petit matin, le décor des 12 000 tonnes d'ordures quotidiennes dissimulées dans des sacs noirs jetés à même les rues au bonheur des rats, les avenues au bitume défoncé, altèrent si besoin est l'image idéale qu'on pouvait avoir du centre du monde... S'y ajoute la précarité des emplois gagne-misère qui, quasiment abolis dans les villes d'Europe, sont monnaie courante à New York. Soit un ou deux dollars pour le service d'un cireur de chaussures, ouvreur de porte, cyclopousse, livreur en tous genres, et un peu plus pour une des mille diseuses de bonne aventure ; tous disponibles sept jours sur sept, sans autre contrat de travail que votre obole. Les restaurants, bars, boîtes, emploient la majorité de leur personnel de service avec le pourboire pour seule rémunération. Des petits boulots qui font beaucoup voyager, ne permettant de vivre que loin à la périphérie du beau New York, et souvent dans le New Jersey voisin. Brooklyn a ainsi encore un taux de pauvreté de 26 %, le Bronx de plus de 30 %... Depuis trente ans, la photographe Martine Barrat enregistre la mémoire des « petits » de New York, avec Harlem pour quartier général de son œuvre. Dans son livre *Do or Die* (agir ou mourir) elle raconte notamment le destin d'enfants boxeurs rencontrés dans des gymnases populaires, dont Carlos, six ans, qui monte sur le ring tous les jours en sortant de l'école, entraîné par un père qui lui répète comme un cri d'espoir : « *work that body*! fais lui en voir... ». Par l'argent ou à la force des poings, New York est fière d'être une ville de *Survivors*, et ce n'est pas un hasard si Sylvester Stallone continue de triompher sur les planches de Broadway avec la version music-hall de la légende de *Rocky*.

EDMUND WHITE

Gay Street

New York a été, malgré des racines puritaines tenaces, un grand théâtre libertaire où ont pu se revendiquer et s'affirmer toutes les sexualités. Pionnier de la « littérature des genres » aux États-Unis, Edmund White témoigne de la construction du Gay New York...

Les premières nuits d'été en ville je dérivais le long de Christopher Street jusqu'à une nouvelle boîte de nuit, le *Stonewall*, qui avait un des juke-box des plus torrides. La clientèle était assez minable, tous ces garçons et travelos bruns et noirs qui m'avaient attiré à Riis Park, mais ils étaient les meilleurs danseurs, les mieux habillés, les plus généreux des amants. Beaucoup de mes vieux amis avaient cessé de m'intéresser parce qu'ils ne voulaient plus m'entendre parler de Sean. Seuls Maria et Lou se prêtaient à mes caprices.

Pour moi, le *Stonewall* était un endroit où je pouvais observer les gens dans la salle intérieure, plus sombre, m'asseoir contre le mur et me sentir immédiatement seul et consolé. J'aimais observer un géant noir qui tourbillonnait et tranchait l'air dangereusement en jetant de tous côtés ses bras et ses chaussures pointues, un fléau d'armes, une machine de mort, une ballerine. J'étais si heureux d'avoir acquis un beau corps, car j'avais ainsi quelque chose à offrir chaque nuit à un homme différent

– le proviseur aux cheveux gris, la friseuse portoricaine, la Machine de Mort. Je couchais avec qui voulait de moi.

Une nuit je parlai à une femme qui m'expliqua qu'elle avait changé de sexe.

– Mon mari ne sait même pas que j'étais un mec, avant. Nous vivons dans un grand ensemble de logements. Nous avons même notre propre centre commercial, c'est fantastique, non ? Un jour, dans la rue principale, j'ai rencontré une autre post-op qui passait là. Elle non plus n'en a jamais parlé à son vieux. En tout cas, nous sommes maintenant les meilleures amies, nous regardons ensemble les séries télévisées. Mais quelquefois les hommes gay me manquent. Vous les gay, vous savez vous amuser.

Un homme que j'avais rencontré dans un bar m'invita à venir dans la maison qu'il louait dans Cherry Grove, à Fire Island. La maison avait un nom, « La sonnette de la méchante sorcière », et dès notre arrivée mon hôte mit un kaftan de soie et prépara des cocktails dans un mixeur : de la crème de menthe et du lait. Il confectionna une glace au cognac recouverte d'une croûte de miettes de biscuits et commença son célèbre poulet au citron vert arrosé de rhum, mais il se mit alors à boire tous ces cocktails avec les voisins, Bill et « Dot ». Nous étions tous assis sur le petit perron, et les autres donnaient des notes aux numéros qui passaient.

La Tendresse sur la peau,
traduit de l'anglais par Bernard Hoepffner
D.R.

« *Gay is good* » scandent à la fin des années 1960 les homosexuels de New York, alternant avec le « *Black is beautiful* » une autre revendication de liberté. Nicolas L., artiste qui s'est installée à New York dès les sixties, mesure le changement des temps et des mœurs ; « les gens faisaient l'amour dans Central Park », se souvient-elle, ironisant avec un état des lieux marqué par un puritanisme qui ne cache pas son nom, comme un retour de bâton. Nicolas L. n'a pas quitté le Chelsea Hôtel qui a donné son titre à une des chansons les plus célèbres de Leonard Cohen : « *that was New York / we were running for the money and the flesh/And that was called love for the workers in song* » (« c'était New York, on courait après l'argent et le sexe, et les chanteurs appelaient ça l'amour »). Peu de survivants des années Liberté de New York, aujourd'hui, dans la pension qui était alors le quartier général des artistes aux mille et une fêtes, dont certaines ont mal tourné – c'est là que Sid Vicious, le chanteur des Sex Pistols, a assassiné sa petite amie. Même si le gay New York est aujourd'hui moins vivant qu'à Los Angeles, la culture homosexuelle y a ses chaires d'université, ses journaux, ses quartiers et ses plages. Chelsea et le Village – deux statues de couples homosexuels sont érigées dans Sheridian Square – restent les centres d'élection d'une communauté très nombreuse, qui a conquis ici ses droits et sa fierté qui ont inspiré le monde entier. Chaque été depuis quarante ans, la « Pride Week » célèbre les émeutes fondatrices de fin juin 1969, qui suivirent une descente de police très musclée dans le bar Stonewall Inn de Christopher Street. « Notre prise de la Bastille », dit Edmund White.

BRET EASTON ELLIS

Vivre à New York rend-il fou ?

Roman de la folie meurtrière d'un jeune golden boy de Wall Street, American Psycho *fait une analyse quasi clinique d'une New York pathogène, dont l'énergie particulière peut conduire au meilleur et au pire. Folle vie et ville folle, comme on le ressent dès ce début du récit…*

ABANDONNE TOUT ESPOIR, TOI QUI PÉNÈTRES ICI peut-on lire, barbouillé en lettres de sang au flanc de la Chemical Bank, presque au coin de la Onzième Rue et de la Première Avenue, en caractères assez grands pour être lisibles du fond du taxi qui se faufile dans la circulation au sortir de Wall Street, et à l'instant où Timothy Price remarque l'inscription un bus s'arrête et l'affiche des *Misérables* collée à son flanc lui bouche la vue mais cela ne semble pas contrarier Price, qui a vingt-six ans et travaille chez Pierce & Pierce, car il promet cinq dollars au chauffeur s'il monte le son de la radio, qui passe *Be My Baby* sur WYNN, et le chauffeur, un Noir, un étranger, obtempère.

– Je suis inventif, dit Price. Je suis créatif, je suis jeune, sans scrupule, extrêmement motivé et extrêmement performant. Autrement dit, je suis foncièrement *indispensable* à la société. Je suis ce qu'on appelle *un atout.* Price se calme, il continue de regarder fixement par la vitre sale du taxi, probablement le mot PEUR bombé en rouge sur la façade d'un McDonald's, au coin de la Quatrième et de la Septième. « En fait, il n'en reste pas moins que personne n'en a rien à foutre de son travail, *moi,* je déteste mon travail, et *toi,* tu m'as dit que tu détestais le tien. Et qu'est-ce que je suis censé faire ? Retourner à Los Angeles ? Il n'y a aucune alternative. Je ne suis pas passé de l'UCLA à Stanford pour supporter cela. Je veux dire, est-ce que je suis le *seul* à penser qu'on ne gagne pas assez ? » Comme dans un film, un autre bus entre dans le champ, et une autre affiche des *Misérables* occulte l'inscription – ce n'est pas le même bus, car quelqu'un a écrit le mot GOUINE sur le visage d'Éponine.

– J'habite un clapier, ici. Et j'ai une maison dans les Hamptons. C'est invraisemblable.

– Les parents, mon vieux, les parents.

– Mais je leur *achète* l'appartement. Tu montes le son, oui ou merde ? Il claque vaguement des doigts en direction du chauffeur, tandis que les Crystals continuent de brailler dans le poste.

– Je suis à fond, répond sans doute le chauffeur.

Timothy ne l'écoute pas, il continue d'une voix irritée :

– Si seulement ils installaient des Blaupunkt dans les taxis, je pourrais vivre dans cette ville. Le ODM III dynamic tuning system, ou peut-être le ORC II (et sa voix se fait soudain plus douce). L'un ou l'autre. La classe, mon ami, la grande classe.

Il ôte le walkman haut de gamme qu'il porte accroché autour du cou, et continue de se plaindre.

– J'ai horreur, vraiment horreur, de me plaindre de

cette ville, de cette ordure, de cette poubelle, des maladies, de toute cette saleté, et tu sais aussi bien que moi que c'est un sty… Tout en parlant, il ouvre son nouvel attaché-case Tumi en box-calf de chez D.F. Sanders. Il range le walkman à côté de son Easa-phone de poche pliant Panasonic (auparavant, il possédait le compact NEC 9000 Porta) et sort un journal.

– Prenons une édition, une seule. Voyons… Des mannequins étranglés, des bébés jetés du toit d'une HLM, des gosses tués dans le métro, un rassemblement communiste, un gros mafieux liquidé, des Nazis… Il feuillette avidement le journal. Des joueurs de baseball atteints du SIDA, encore des conneries sur la Mafia, les encombrements, les SDF, des maniaques divers, les pédés qui tombent comme des mouches dans la rue, les mères porteuses, la suppression d'un feuilleton télé, des mômes qui ont forcé les grilles d'un zoo pour aller torturer divers animaux et les brûler vifs, encore du Nazi… et le plus drôle, le plus tordant, c'est que tout ça, ça se passe ici, dans cette ville, pas ailleurs, ici, chez nous, quel pied… attends, tiens, écoute, encore des Nazis, des encombrements, des embouteillages, un trafic de nouveau-nés, des bébés au marché noir, des bébés sidaïques, des bébés camés, un immeuble s'effondre sur un bébé, un bébé maniaque, des bouchons, effondrement d'un pont… Il s'interrompt, reprend son souffle et déclare, le regard fixé sur un clochard, au coin de la Deuxième et de la Cinquième : C'est le vingt-quatrième que je vois aujourd'hui. Je les ai comptés. Puis, sans détourner le regard : Pourquoi portes-tu ton blazer en laine bleu marine avec un pantalon gris ? Price, lui, porte un costume laine et soie Ermenegildo Zegna à six boutons, une chemise de coton Ike Behar à poignets mousquetaire, une cravate de soie Ralph Lauren, et des chaussures en cuir bicolore Fratelli Rossi. Il parcourt le *Post*. Il y a un article moyennement intéressant à propos d'une double disparition à bord du yacht d'une personnalité new-yorkaise moyennement en vue, tandis que le bateau faisait le tour de l'île de Manhattan. Les indices se résument à quelques éclaboussures de sang et trois coupes de champagne fracassées. La thèse du crime est avancée, et la police pense que l'assassin a pu se servir d'une machette, à cause de certaines éraflures et entailles découvertes sur le pont du bateau. On n'a pas retrouvé les corps. Il n'y a pas de suspect. Price, aujourd'hui, a commencé à jacter au déjeuner, il a remis ça durant sa séance de squash, puis au Harry's, où il a continué de délirer devant ses trois J & B à l'eau, quoique de manière plus intéressante, à propos du portefeuille Fischer, dont s'occupe Paul Owen. Price ne sait pas se taire.

American psycho,
traduit de l'anglais par Alain Defossé
© Éditions Robert Laffont, 2000

En 1909, Freud, débarquant à New York pour une série de conférences sur la psychanalyse (« ils ne savent pas qu'on leur apporte la peste » aurait-il dit, prévoyant le succès prolifique qu'allait y connaître sa discipline), se passionne pour le meurtre sauvage d'une jeune femme, aventure racontée par Jed Rubenfeld dans son roman *L'Interprétation des meurtres*. À la fin de son séjour à New York, le théoricien de la névrose des foules conclut : « l'Amérique, je le crains, n'est qu'une erreur. Gigantesque, certes, mais ce n'en est pas moins une erreur. » À New York, un bon vendeur est un « tueur », et la ville, fondée sur le matérialisme et un certain cynisme, n'aime pas les perdants. Ainsi s'explique la récurrence des visions de New York en ville piège, qui peut briser le destin de ses habitants. Dans un texte sur Charyn, Daniel Pennac résume cette image d'« une matrice à l'envers qui dévore ce qu'elle enfante, trucide ses propres bâtisseurs, corrompt les flics qui lui prêtent serment, pourrit sur pied les maires qu'elle met à sa tête, n'en finit pas de se construire autour de ses propres ruines ». C'est le sujet de plusieurs films du New-Yorkais Martin Scorsese, à commencer par *Taxi driver* (1976) qui met en scène le passage à l'acte d'un chauffeur de taxi que la misère des bas-fonds a rendu paranoïaque et qui se transforme en justicier d'un soir. Si l'histoire de New York regorge de crimes fous – dont l'assassinat de John Lennon par son premier fan –, si de nombreux quartiers sont restés longtemps infréquentables, dans les années 1990, une politique de « tolérance zéro » pour les populations « dangereuses » a été menée par le maire Rudolph Giuliani – que certains journaux new-yorkais avaient surnommé « Adolf » à cause de ce « nettoyage social ». Avec 22 crimes et délits pour 1000 habitants en 2007, selon les statistiques internationales, il y a aujourd'hui quatre fois moins de crimes à New York qu'à Oslo…

ERROL PARKER

Recette du chili façon Harlem

Musicien de jazz, Errol Parker a passé sa carrière à New York, survivant entre deux albums autoproduits en sous-louant des chambres dans son appartement... Il donne ici sa recette préférée, caractéristique d'une cuisine new-yorkaise délivrée de l'absence de tradition et fondée sur le mélange des genres...

CHILI AUX HARICOTS ROUGES
Recette rapide et recette façon Harlem

Ingrédients de base

Pour 4 personnes (et plus)
1 kilo de bœuf haché
3 oignons
1 boîte de coulis de tomate
1 grande boîte de haricots rouges (rognons de coq)
2 cuillerées à soupe d'huile

Assaisonnements

2 cuillerées à soupe de poudre de chili
5 grandes feuilles de laurier
1/2 cuillerée à café de piment de Cayenne en poudre
Sauce de soja ou sauce teriyaki à la place du sel

Préparation

1) Hachez les oignons finement et faites-les revenir à l'huile dans une grande casserole.

2) Quand ils ont légèrement bruni, jetez dans la casserole le bœuf haché, la poudre de chili, la sauce de soja et le piment de Cayenne. Remuez avec une cuillère en bois jusqu'à cuisson complète.

3) Ajoutez alors les haricots rouges avec leur jus, le coulis de tomate et les feuilles de laurier, sans cesser de tourner. Si le mélange est trop épais, ajoutez un verre d'eau. Laissez cuire cinq ou dix minutes, en remuant de temps en temps.

Servez avec du riz. Si vous êtes pressé, utilisez du riz à cuisson rapide.

FAÇON HARLEM

Le chili aux haricots rouges façon Harlem n'est pas un plat pour les gourmets pressés mais c'est l'une des concoctions les plus satisfaisantes que l'art culinaire de ce monde peut offrir.

La recette consiste à ajouter à la préparation décrite plus haut quatre pieds de porc, cuits dans du bouillon pendant plusieurs heures et désossés. Dans une cocotte-minute, cela prend trois quarts d'heure. Cela peut sembler long mais ça en vaut la peine.

De bohème en galère, les pérégrinations d'un musicien de jazz à New York,
traduction de l'auteur

Le principe de la cuisine américaine, s'il en est un, c'est d'adapter les grands plats vedettes du monde. Dans une ville aussi cosmopolite que New York, ce principe s'étend à toutes les cuisines. Ainsi peut-on y goûter dans leur version américanisée, le poisson cru japonais à la mayonnaise, la pizza avec fort supplément de levure (« la meilleure pizza italienne est américaine », disait la publicité fondatrice de Domino), les kebabs indiens de bœuf, le poulet rôti au miel, la tarte aux pommes et à la cannelle, sans oublier des condiments salés revus et corrigés avec un goût sucré : la sauce tomate appelée ketchup, la moutarde, les cornichons ou la mayonnaise tout aussi édulcorés... L'appropriation des cuisines se fait par un adoucissement très sensible des mets. New York aime le sucre, comme l'atteste le plat national américain du hamburger qui consiste en un steak glissé dans une brioche – mariage contre-nature de la boucherie et de la viennoiserie. De préférence hachée, toujours plus ou moins sucrée, la cuisine américaine est en ce sens infantile. Sans surprise, on trouve là les plus grands magasins de bonbons – dont le Dylan's Candy Bar de quatre étages sur la 3e Avenue en face de Bloomingsdale, qui varie ses collections selon les saisons, et fait grossir petits et grands de Halloween à Noël. Ce n'est pas plus un hasard si les amoureux appellent leurs fiancées « *honey* » (sucre) et si on parle de « *candy eye* » (bonbon pour les yeux) quand on se rince l'œil devant des beautés... Jerome Charyn décrit dans *Bronx boy* la fabrication du mokacao, recette fétiche des gangs du Bronx de son enfance, mélange de glace au café, chocolat fondu, cacahuètes et cerises en boîte. La même cerise confite que l'on retrouve au fond du verre du cocktail le plus célèbre de New York, de couleur rose bonbon *of course* : le « Manhattan », mélange de whisky, vermouth rouge et angostura, que prépare Marilyn Monroe dans *Certains l'aiment chaud*, fut créé au Manhattan Club en 1874, lors de la fête qui célébrait l'élection du gouverneur Tilden.

PENSER NEW YORK

La ville non éternelle

JEAN-PAUL SARTRE

Par-delà nature et culture

Grand reporter en 1945 aux États-Unis pour Le Figaro *et* Combat, *Jean-Paul Sartre raconte son expérience ambiguë de New York, OVNI urbain, dans laquelle il voit une forme de dépassement et donc d'achèvement...*

Suis-je perdu dans une cité ou dans la nature ? Contre la violence de la nature New York n'est pas une protection. C'est une ville à ciel ouvert. Les orages inondent ses rues si larges, longues à traverser quand il pleut. Les ouragans secouent les maisons de briques et balancent les gratte-ciel. La radio les annonce solennellement comme des déclarations de guerre. En été, l'air vibre entre les maisons : en hiver, la ville est noyée, de sorte qu'on se pourrait croire en quelque banlieue de Paris quand la Seine déborde : mais là-bas, ce n'est que la neige qui fond.

La nature pèse si lourdement sur New York que la plus moderne des villes est aussi la plus sale. De ma fenêtre, je vois le vent jouer avec des papiers épais, boueux, qui voltigent sur le pavé. Quand je sors, je marche dans une neige noirâtre, sorte de croûte boursouflée de la même teinte que le trottoir, à croire que c'est le trottoir lui-même qui se gondole. Dès la fin de mai, la chaleur s'abat sur la ville comme une bombe atomique.

C'est le Mal. Les gens s'abordent en se disant : « *It's a murder.* » Les trains emportent des millions de citadins qui fuient et qui laissent, lorsqu'ils descendent, une trace humide sur la banquette, comme les escargots. Ce n'est pas la ville qu'ils fuient, c'est la Nature. Jusque dans les profondeurs de mon appartement, je subis les assauts d'une nature hostile, sourde, mystérieuse. Je crois camper au cœur d'une jungle grouillante d'insectes. Il y a le gémissement du vent ; il y a les décharges électriques que je reçois chaque fois que je touche un bouton de porte ou que je serre la main d'un ami ; il y a les cafards qui courent dans ma cuisine, les ascenseurs qui me donnent la nausée, la soif inextinguible qui me brûle du matin au soir. New York est une ville coloniale, un terrain de camping. Toute l'hostilité, toute la cruauté de la Nature sont présentes dans cette cité, le monument le plus prodigieux que l'homme se soit jamais élevé à soi-même. C'est une ville légère ; son manque apparent de poids surprend la plupart des Européens. Dans cet espace immense et malveillant, dans ce désert de roc qui ne tolère aucune végétation, on a construit des milliers de maisons en briques, en bois ou en ciment armé qui semblent toutes sur le point de s'envoler.

J'aime New York. J'ai appris à l'aimer. Je me suis habitué à ses ensembles massifs, à ses grandes perspectives. Mes regards ne s'attardent plus sur les façades en quête d'une maison qui, par impossible, ne serait pas identique aux autres maisons. Ils filent tout de suite à l'horizon chercher les buildings perdus dans la brume, qui ne sont plus rien que des volumes, plus rien que l'encadrement austère du ciel. Quand on sait regarder les deux rangées d'immeubles qui, comme des falaises, bordent une grande artère, on est récompensé : leur mission s'achève là-bas, au bout de l'avenue, en de simples lignes harmonieuses, un lambeau de ciel flotte entre elles.

New York ne se révèle qu'à une certaine hauteur, à une certaine distance, à une certaine vitesse : ce ne sont ni la hauteur ni la distance ni la vitesse du piéton. Cette ville ressemble étonnamment aux grandes plaines andalouses : monotone quand on la parcourt à pied, superbe et changeante quand on la traverse en voiture.

J'ai appris à aimer son ciel. Dans les villes d'Europe, où les toits sont bas, le ciel rampe au ras du sol et semble apprivoisé. Le ciel de New York est beau parce que les gratte-ciel le repoussent très loin au-dessus de nos têtes. Solitaire et pur comme une bête sauvage, il monte la garde et veille sur la cité. Et ce n'est pas seulement une protection locale : on sent qu'il s'étale au loin sur toute l'Amérique; c'est le ciel du monde entier.

J'ai appris à aimer les avenues de Manhattan. Ce ne sont pas de graves petites promenades encloses entre des maisons : ce sont des routes nationales. Dès que vous mettez le pied sur l'une d'elles, vous comprenez qu'il faut qu'elle file jusqu'à Boston ou Chicago. Elle s'évanouit hors de la ville et l'œil peut presque la suivre dans la campagne. Un ciel sauvage au-dessus de grands rails parallèles : voilà ce qu'est New York, avant tout. Au cœur de la cité, vous êtes au cœur de la nature.

« New York, ville coloniale »,
Situations III

Parce que New York est un sujet de philosophie en soi, après Sartre, Camus se penchera sur la problématique du paradoxe de la jungle d'asphalte : « Le cœur tremble devant tant d'admirable inhumanité. Au premier regard, violente ville inhumaine. Mais je sais qu'on change d'avis. » Saint John Perse, exilé à New York pendant la guerre, y écrit son poème « Neiges », où il décrit un « Océan de neiges », paysage de liberté mais aussi d'une certaine rudesse, « hautes terres non rompues », où « il neige sur les dieux de fonte et sur les aciéries ». Règne de l'Atlantique, le climat extrême de la ville, écrasée par la chaleur humide d'un long été, recouverte de neige dans un interminable hiver, participe de cette vision récurrente de New York comme « la ville la plus rude du monde » que décrit Sartre. Cette vision d'une cité restée profondément sauvage influence beaucoup de récits sur New York, comme le roman de Bruno Mesuret *Miranda et les hautes maisons de New York*, qui file la métaphore de la savane urbaine : « dehors, c'était la jungle, ses lianes de lumière se croisaient à angles droits. Le long du fleuve d'asphalte rose, des buissons entiers de policiers agitaient leurs casques gris comme des mangues folles ». Dans son poème « Fort et fou », Jacques Roubaud, familier de New York, s'interroge encore sur le paradoxe de ce cadre urbain qui sous certains aspects fait parfois davantage penser aux montagnes Rocheuses : « Passant infime des rues de la toute grande / New York sous l'*exhilarating* vent lumineux / frisquet du matin, seul, entre les archicubes / entassé pierre, acier, verre, les voies des tubes / à voitures, je marche. Hélas, dur pays creux / fort, fort, mais si fou, parfois, fou. Je me demande / comment/est-ce arrivé ? »

CLAUDE LÉVI-STRAUSS

Modernité et archaïsme

Le plus célèbre des anthropologues a vécu à New York en 1946-1947. Plongé dans « cet immense désordre horizontal et vertical », il analyse New York comme une autre ville de ce Nouveau Monde à l'échelle colossale qui le passionne. Une ville contemporaine qui a cependant besoin de cultiver ses racines pionnières...

À New York, avions-nous coutume de dire entre nous, les femmes ne s'« habillent » pas : elles se déguisent. Quand on les voyait costumées en petit marin, en almée ou en pionnière du *Far West*, on savait qu'elles s'étaient mises sur leur trente-et-un. Cela nous amusait fort, mais il suffit de visiter nos boutiques à la page pour constater que, là aussi, New York a fait école. D'ailleurs, l'art des vitrines commerciales invitait au coq-à-l'âne par son ingéniosité, son raffinement et ses audaces. Les grands magasins présentaient leurs collections sur des mannequins jouant des scènes dramatiques : assassinats, viols ou rapts, réalisées avec un art consommé des décors, des couleurs et des éclairages à rendre jaloux les meilleurs théâtres. Dans la vie civile, les brusques changements de registres vestimentaires dont j'ai parlé traduisaient à leur façon le même besoin d'évasion qui nous frappait, en voyant nos amis new-yorkais passer avec un zèle presque dévot de leur luxueux appartement sur l'*East Side* à une baraque en planches au bout de *Long Island*, ou même sur la dune étroite de *Fire Island* dont le sumac rampant, appelé là-bas lierre vénéneux, constituait toute la végétation; ou bien encore, c'était quelque maison rustique dans le Connecticut comme celle qu'habita André Masson, ou celle que possédait non loin de là Calder. On s'y donnait l'illusion de vivre à la mode des premiers colons. J'ai bien connu un célèbre sociologue américain d'allure plutôt guindée et qui, même en conversation, s'exprimait avec une solennité provinciale. Il m'emmena une fois passer la nuit dans sa maison de famille, ferme jadis, mais depuis longtemps investie par l'expansion urbaine, enclavée, sur le bout de terrain qui lui restait, dans une banlieue déjà industrielle. C'était l'endroit le plus bohème qu'on pût imaginer; si le mot avait existé, on l'eût qualifié de *hippy*. Quelques arbres encore épargnés et une broussaille confuse montaient à l'assaut d'une maison de bois dont toute la peinture s'écaillait. À l'intérieur, la cuvette des lavabos était enduite d'une couche de crasse plus épaisse que je n'en vis jamais. [...] En abjurant les rites d'hygiène et de confort sur lesquels l'Amérique se montre si pointilleuse (et qu'eux-mêmes, sans doute, respectaient scrupuleusement à la ville), ils avaient le sentiment de conserver un lien avec des ancêtres qui, quelques générations auparavant, s'étaient établis sur ce terroir en *homesteaders,* c'est-à-dire en premiers occupants. [...]

Ce qu'en somme, New York révélait à des Français débarqués de fraîche date, c'était l'image incroyablement complexe – et qui, n'y eût-on pas vécu, pourrait sembler contradictoire – de modes de vie modernes et d'autres presque archaïques. Des collègues réfugiés, spécialistes de folklore, et qui, jusqu'à la guerre, couraient les campagnes les plus reculées d'Europe centrale ou orientale à la recherche des derniers conteurs, faisaient, en plein New York, des trouvailles surprenantes chez leurs compatriotes immigrés : depuis un demi-siècle ou plus que ces familles étaient arrivées en Amérique, elles avaient conservé vivants des usages et des récits disparus sans laisser de trace au vieux pays. De même pour les spectacles que, pendant des heures, nous allions voir à l'Opéra chinois établi sous la première arche de *Brooklyn Bridge* : une troupe venue il y a longtemps de Chine y faisait école ; tous les jours, du milieu de l'après-midi jusqu'à plus de minuit, elle perpétuait les traditions de l'opéra classique. Je ne me sentais pas moins remonter les âges quand j'allais travailler chaque matin dans la salle des « Americana » de la *New York Public Library*, et que, sous ses arcades néoclassiques et entre ses murs lambrissés de vieux chêne, je voisinais avec un Indien coiffé de plumes et vêtu de peau emperlée, même s'il prenait des notes avec un stylo Parker…

Bien sûr, toutes ces survivances, on les savait, on les sentait assiégées par une culture de masse prête à les écraser et à les ensevelir ; culture de masse dont la progression, déjà très avancée là-bas, ne devait nous atteindre que quelques décennies plus tard : ce qui explique sans doute pourquoi tant d'aspects de la vie new-yorkaise nous captivaient en mettant sous nos yeux, pour notre futur usage, la liste des recettes grâce auxquelles, dans une société chaque jour plus oppressante et inhumaine, ceux pour qui elle est décidément intolérable peuvent apprendre les mille et une façons de s'offrir, pendant de brefs instants, l'illusion qu'ils ont la faculté d'en sortir.

Le Regard éloigné, « NY Post – et préfiguratif »

Une des associations les plus chics de New York est celle des pionniers, rassemblant les descendants des familles souches de la colonisation européenne de l'Est des États-Unis. Population en général très riche et de culture très européenne, leurs réunions et galas contrastent singulièrement dans une ville si cosmopolite où l'on a l'impression que personne n'est né à New York. Voilà pourquoi New York préserve au sein même de la ville une parcelle de campagne, Central Park : non un jardin (à la française ou à l'anglaise) mais une recréation artificielle d'un morceau de nature en pleine ville, avec ses rochers, ses vallons, ses bois, son étang… Un mouvement de retour à la nature qui continue à mesure que se développe l'urbanisme new-yorkais, comme en témoigne la reconversion de la ligne de métro aérien de Chelsea en coulée verte, « le Central Park du XXIe siècle » selon la mairie. Tout New-Yorkais – quelle que soit son origine – ressent un jour le syndrome du pionnier, comme les costumes l'illustrent encore : uniforme la semaine – costume sombre et cravates trop colorées – *friday wear* le vendredi, où les jeans apparaissent, avant de se relâcher complètement le week-end : godillots ou baskets, shorts, chemises épaisses à gros carreaux… Symbole par excellence du style new-yorkais, la boutique Ralph Lauren de Madison Avenue présente les deux registres en deux ailes adjacentes.

GEORGES PEREC

Destination : Exil

Dans un documentaire réalisé avec Robert Bober, Perec rapporte le témoignage de nombreux émigrés américains qui sont passés par Ellis Island, « l'île des larmes », centre d'enregistrement de seize millions de candidats à l'immigration entre 1892 et 1924. Le « sas » entre l'Amérique et le reste du monde, situé à quelques milles du rivage de New York, non loin de la statue de la Liberté…

c'était la Golden Door, la Porte d'Or

c'était là, tout près, presque à portée de la main,
l'Amérique mille fois rêvée,
la terre de liberté où tous les hommes étaient égaux,
le pays où chacun aurait enfin sa chance,
le monde neuf, le monde libre
où une vie nouvelle allait pouvoir commencer

Mais ce n'était pas encore l'Amérique :
seulement un prolongement du bateau,
un débris de la vieille Europe
où rien encore n'était acquis,
où ceux qui étaient partis
n'étaient pas encore arrivés,
où ceux qui avaient tout quitté
n'avaient encore rien obtenu

et où il n'y avait rien d'autre à faire qu'à attendre,
en espérant que tout se passerait bien,
que personne ne vous volerait vos bagages ou votre argent,
que tous vos papiers seraient en règle,
que les médecins ne vous retiendraient pas,
que les familles ne seraient pas séparées,
que quelqu'un viendrait vous chercher

dans la légende du Golem, il est raconté qu'il suffit d'écrire un mot, Emeth, sur le front de la statue d'argile pour qu'elle s'anime et vous obéisse, et d'en effacer une lettre, la première, pour qu'elle retombe en poussière

sur Ellis Island aussi, le destin avait
la figure d'un alphabet. Des officiers de santé examinaient rapidement les arrivants et traçaient à la craie sur les épaules de ceux qu'ils estimaient suspects une lettre qui désignait la maladie ou l'infirmité qu'ils pensaient avoir décelée
[...]

ce destin commun n'a pas pris pour chacun de nous la même figure :

ce que moi, Georges Perec, je suis venu questionner ici,
c'est l'errance, la dispersion, la diaspora.
Ellis Island est pour moi le lieu même de l'exil, c'est-à-dire le lieu de
l'absence de lieu, le non-lieu, le nulle part.
c'est en ce sens que ces images me concernent, me

fascinent, m'impliquent,
comme si la recherche de mon identité
passait par l'appropriation de ce lieu-dépotoir
où des fonctionnaires harassés baptisaient des Américains à la pelle.
ce qui pour moi se trouve ici
ce ne sont en rien des repères, des racines ou des traces,
mais le contraire : quelque chose d'informe, à la limite du dicible,
quelque chose que je peux nommer clôture, ou scission,
ou coupure,
et qui est pour moi très intimement et très confusément lié au fait même d'être juif

Récits d'Ellis Island, histoires d'errance et d'espoir

New York est une ville d'exilés. C'est l'identité même de la ville, son mythe et sa condition de possibilité. Ellis Island, à ce titre, en est le cœur. C'est là que débutent les grands récits du rêve américain, de *L'Émigrant* de Chaplin (1917) à l'odyssée du jeune Grec d'*America, America* d'Elia Kazan (1963) en passant par le Don Corleone du *Parrain* de Mario Puzo glorifié par Francis Ford Coppola. Passage obligé de tous les prétendants à l'Amérique, on appelle en 1911 Ellis Island le « parc à bestiaux » en raison des barres qui divisent les allées. Espace à l'ambiance plutôt inhumaine, c'est aussi la plate-forme qui marque l'ouverture de la ville à l'immigration : New York se construit comme ce « pays élastique » (Dickens) qui accueille toujours plus de monde et s'étend... jusqu'à compter aujourd'hui une dizaine de millions d'habitants. Si elle commence dès le début du XIXᵉ siècle, l'immigration explose en 1900, avec, après Italiens et Français, l'arrivée massive de juifs d'Europe de l'Est. On parle alors déjà 26 langues à New York. Dans les années 1950, les Portoricains s'installent en masse. Les derniers immigrés en date sont pakistanais et bangladais. Chaque population vit sur un territoire distinct, qui évolue selon les époques, comme celui de la communauté chinoise qui s'est étendu progressivement sur les terres italiennes de Little Italy et de Brooklyn... Pour l'historien Mike Wallace, prix Pulitzer pour son *Histoire de New York*, l'identité des New-Yorkais est définie par ce palimpseste migratoire : « leur temps préféré est le futur, puis vient le présent. Cela s'explique par la nature même du peuple américain : un mélange de populations ayant quitté, au cours des siècles et des décennies, un passé jugé peu enviable ».

LÉOPOLD SEDAR SENGHOR

Dans la ville noire

Écrit dans les rues de Harlem comme « un solo de trompette », ce poème du père de la négritude résonne comme une invitation au mélange, dans une ville longtemps marquée par une tradition ségrégationniste, où Blancs et Noirs vivent encore chacun dans un New York distinct…

Voici le temps des signes et des comptes
New York ! or voici le temps de la manne et de l'hysope.
Il n'est que d'écouter les trombones de Dieu, ton cœur battre au rythme du sang ton sang.
J'ai vu dans Harlem bourdonnant de bruits de couleurs solennelles et d'odeurs flamboyantes
– C'est l'heure du thé chez le livreur-en-produits-pharmaceutiques
J'ai vu se préparer la fête de la Nuit à la fuite du jour.
Je proclame la Nuit plus véridique que le jour.
C'est l'heure pure où dans les rues, Dieu fait germer la vie d'avant mémoire
Tous les éléments amphibies rayonnants comme des soleils.
Harlem Harlem ! voici ce que j'ai vu Harlem Harlem !
Une brise verte de blés sourdre des pavés labourés par les pieds nus de danseurs Dans

Croupes ondes de soie et seins de fers de lance, ballets de nénuphars et de masques fabuleux

Aux pieds des chevaux de police, les mangues de l'amour rouler des maisons basses.

Et j'ai vu le long des trottoirs, des ruisseaux de rhum blanc des ruisseaux de lait noir dans le brouillard bleu des cigares.

J'ai vu le ciel neiger au soir des fleurs de coton et des ailes de séraphins et des panaches de sorciers.

Écoute New York ! ô écoute ta voix mâle de cuivre ta voix vibrante de hautbois, l'angoisse bouchée de tes larmes tomber en gros caillots de sang

Écoute au loin battre ton cœur nocturne, rythme et sang du tam-tam, tam-tam sang et tam-tam.

New York ! je dis New York, laisse affluer le sang noir dans ton sang

Qu'il dérouille tes articulations d'acier, comme une huile de vie

Qu'il donne à tes ponts la courbe des croupes et la souplesse des lianes.

Voici revenir les temps très anciens, l'unité retrouvée la réconciliation du Lion du Taureau et de l'Arbre

L'idée liée à l'acte l'oreille au cœur le signe au sens.

Voilà tes fleuves bruissants de caïmans musqués et de lamantins aux yeux de mirages. Et nul besoin d'inventer les Sirènes.

Mais il suffit d'ouvrir les yeux à l'arc-en-ciel d'Avril

Et les oreilles, surtout les oreilles à Dieu qui d'un rire de saxophone créa le ciel et la terre en six jours.

Et le septième jour, il dormit du grand sommeil nègre.

« À New York », *Éthiopiques (1956),*
in *Œuvre poétique*

Un quart de la population est noire à New York, mais la ville ne mélange pas ses couleurs. Très peu de mariages mixtes à New York, comme dans le reste des États-Unis. Chacun sa culture, chacun son quartier. Basquiat, à la fin de sa vie, en 1988, peintre devenu aussi célèbre que Warhol, confiait avec une tristesse réaliste à son ami Julian Schnabel : « je vole en Concorde, mais aucun taxi new-yorkais ne veut me prendre ». En août 2007, aux funérailles de Max Roach, plus grand batteur de jazz et militant de la cause noire, le gratin blanc se recueille dans la cathédrale de Harlem... Le jazz est peut-être le meilleur pont entre les communautés. Barack Obama était le candidat préféré des New-Yorkais, qui ont voté pour le premier président noir à 62 %. « Les Noirs en Amérique blanche sont les signes qui écrivent l'histoire ; sur la page blanche ils sont l'encre qui lui donne un sens », se souvient Jean Genet dans *Un Captif amoureux*, pensant à son séjour à New York en 1970 aux côtés des Black Panthers, mouvement révolutionnaire noir américain, qu'il compare aux combattants palestiniens parce qu'ils vivent dans des ghettos. Genet, vivant avec les Panthères, va boire dans Harlem dans « un bistrot de Noirs qui ne servaient à boire qu'à des Noirs ». La frontière est nette, la violence des rapports alors à son point de faîte. Arman, qui a épousé une femme noire américaine, se souvient dans ses mémoires du racisme new-yorkais qui empêchait dans les années 1970 un Noir de songer même à habiter dans l'Upper East Side, quels que soient ses moyens financiers. « Black is beautiful parce qu'il apportait une liberté » retient Genet, de cette époque, en comparant l'érotisme du comportement et du costume des Noirs à la pudibonderie victorienne des Blancs. Quarante ans plus tard, un seul Noir, David Dinkins, fut maire de New York pendant trois ans (1990-1993), et les communautés restent géographiquement séparées, les nombreux New-Yorkais de type européen qui s'installent à Harlem créant en fait un Harlem blanc à côté du Harlem noir. Des voix afro-américaines s'élèvent pour dénoncer le « blanchissement » de Manhattan et du proche Brooklyn, et l'éloignement des communautés de couleur vers des quartiers plus excentrés, comme le sud du Queens.

EDGAR MORIN

La ville non éternelle

« La matière de New York c'est l'énergie ». Edgar Morin est « hypnotisé » par New York à chacun de ses nombreux séjours... Dans un texte « exalté », il tente d'expliquer ce sentiment d'irréalité qu'il ressent par l'énergie particulière de la ville qui est pour lui l'apothéose du genre urbain. Une énergie de la dépense en soi, peut-être fondée sur rien...

Rien ne parle d'éternité dans cette ville. Rien n'a de racine dans le passé. Rien ne semble devoir défier le temps. Tout périt, tout renaît, tout vit dans le temps, ce temps. Et là est la beauté de New York : la beauté *mortelle.*

Il n'y a pas de monument, rien n'est construit pour l'art. Et c'est cela l'art. C'est en cela que tout est art. Cette ville a été construite pour sa fonction, pour le profit, pour l'économie ; toute l'édification a été guidée par seulement la géométrie et le hasard. Et c'est cela le chef-d'œuvre. Le chef-d'œuvre : Manhattan, sous quelque angle qu'il apparaisse. Couleurs, ciel, jeux de lumière.

Ce qu'il y a de plus fonctionnel est ce qu'il y a de plus gratuit : le World Trade Center.

Le véritable art new-yorkais n'est pas dans les musées, les concerts expositions, etc. Tout cet art mondial a été attiré, acheté, est consommé, entretenu (fondations, etc.) à New York. Mais le véritable art de New York est dans sa surréalité, dans l'autocréation/destruction permanente, dans son caractère incroyable, évident, délirant ; l'esthétique de New York, c'est l'émotion, le bouleversement de cette vie de ville si liée à la mort.

Pas d'art de vivre à New York. La vie est plate, rituelle. Les *parties* sont stéréotypées. Toute la création culturelle s'est faite en Californie. Greenwich Village a été un centre de bohème, puis un pâle reflet, provisoire, de la nouvelle culture.

La ville est géniale, mais il y a absence de génie des individus. Elle a pompé le génie des cerveaux. La ville est un chef-d'œuvre et les vies sont lamentables. La ville se consume, les individus consomment. Mais si tu te laisses posséder par la ville, si tu te branches sur le flux d'énergie, si les forces de mort qui sont là pour te broyer éveillent en toi le vouloir-vivre, alors New York te psychédélise.

Tout et rien

New York est tout. Ville antique, ville moderne, ville planétaire, ville du Moyen Âge, ville de l'âge de fer, ville d'horreur, ville de beauté, ville de solitude, ville d'extase. Tout cela, ce sont des facettes de la même ville-monstre. Il y a tout à New York. À New York, j'ai ressenti l'extase du tout.

Et pourtant... ce n'est rien.

Sans cesse, je pense à la phrase de Mailer : ils sont là, onze millions, de toutes les races, de toutes les cultures, venus de tous les continents, *et pourtant il ne se passe rien.*

New York, la ville des villes
Karel Appel, textes d'Edgar Morin
© Éditions Galilée, 1984

Dans sa *Lettre aux Américains* (1949), mélange très français d'attraction et de répulsion pour New York, Cocteau explique ainsi l'idéal d'une « tradition instantanée » : « vous refusez d'attendre et de faire attendre. À New York chacun arrive en avance aux rendez-vous. La tradition vous répugne et le neuf. Votre idéal serait une *tradition instantanée*. Le neuf est tout de suite à l'école. Vous le classez, vous l'étiquetez et, comme vous n'admettez pas qu'un artiste expérimente, vous exigez de lui qu'il se répète et vous le remplacez lorsqu'il vous fatigue. Ainsi tuez-vous les mouches. » Le moteur de New York : le changement perpétuel, dans une ville toujours en quête de nouveaux auteurs pour écrire son histoire. Voilà pourquoi New York demeure une ville à la mode, changeant styles et repères comme une marque alterne les collections. « New York est une ville paranoïaque, disait Arman. La tension monte jusqu'à l'hystérie pour un match de boxe, une comédie musicale ou le jogging. Le lendemain, tout est oublié, on repart sur autre chose [...]. Cette absence de mémoire donne un élan extraordinaire à toutes les nouveautés ». Dans sa géographie, la ville n'a de cesse de bouger ses centres de gravité. « On reconstruit New York, tout entier, environ tous les dix ans », expliquait déjà le maire de la ville en 1839 ! La ville est toujours marquée par cette « furieuse et aveugle vigueur de croissance » qui faisait dire à H.G. Wells (en 1906) que « le bruit et la précipitation » étaient les deux mamelles de New York. Viviers de la création et de la mode, les galeries d'art contemporain ont ainsi déménagé au fil des années de l'Upper East Side dans les années 1970, à Soho dans les années 1980, pour s'installer à Chelsea à partir de 1990. Elles commencent depuis 2006 à migrer vers le Lower East Side, en attendant de traverser jusqu'à Williamsburg… Les guides touristiques de New York seront encore longtemps contraints de réviser leurs adresses… Hier, Alphabet City, ancien quartier de la marge et de la contre-culture, est devenue le quartier des financiers, la Factory d'Andy Warhol s'est mise à héberger des cabinets d'avocats et d'architectes ; aujourd'hui, le district italien, qui fut d'abord irlandais, est chinois, et demain, il sera peut-être indien…

JEAN BAUDRILLARD

Le marathon, message crépusculaire

Autre exégète en extase à New York, « univers auto-attractif », Jean Baudrillard lui consacre de nombreux textes, voyant là non seulement le centre du monde, mais aussi l'image de sa fin. Il analyse ici un des rites de « la seule grande société primitive des temps modernes » qu'est New York, le marathon, qui, chaque mois de novembre, fait courir quelque 40 000 hommes et femmes sous le regard de toute la ville.

Je n'aurais jamais cru que le marathon de New York puisse vous arracher des larmes. C'est un spectacle de fin du monde. Peut-on parler de souffrance volontaire comme de servitude volontaire ? Sous la pluie battante, sous les hélicoptères, sous les applaudissements, revêtus d'une capuche d'aluminium et louchant sur leur chronomètre, ou torse nu et les yeux révulsés, tous cherchent la mort, la mort par épuisement qui fut celle du marathonien d'il y a deux mille ans, qui, ne l'oublions pas, portait à Athènes le message d'une victoire. Eux rêvent sans doute aussi de faire passer un message victorieux, mais ils sont trop nombreux, et leur message n'a plus de sens : c'est celui de leur arrivée même, au terme de leur effort – message crépusculaire d'un effort surhumain et inutile. Collectivement ils apporteraient plutôt le message d'un désastre de l'espèce humaine, car on la voit se dégrader d'heure en heure au fil de l'arrivée, des premiers encore bien découplés et compétitifs jusqu'aux épaves que leurs amis portent littéralement jusqu'à la ligne d'arrivée ou aux handicapés qui font le parcours en chaise roulante. Ils sont 17000 à courir, et on pense à la vraie bataille de Marathon, où ils n'étaient même pas 17000 à se battre. Ils sont 17000, et chacun court seul, sans même l'esprit d'une victoire, simplement pour se sentir exister. « Nous avons gagné ! » souffle le Grec de Marathon en expirant... *« I did it ! »* soupire le marathonien épuisé en s'écroulant sur la pelouse de Central Park.

I DID IT !

Le slogan d'une nouvelle forme d'activité publicitaire, de performance autistique, forme pure et vide et défi à soi-même, qui a remplacé l'extase prométhéenne de la compétition, de l'effort et de la réussite.

Le marathon de New York est devenu une sorte de symbole international de cette performance fétichiste, du délire d'une victoire à vide, de l'exaltation d'une prouesse sans conséquence.

J'ai couru le marathon de New York : *I did it !*

J'ai vaincu l'Annapurna : *I did it !*

Le débarquement sur la lune est du même ordre : *We did it !* Un événement moins surprenant au fond que programmé d'avance dans la trajectoire du progrès et de la science. Il fallait le faire. On l'a fait. Mais cet événement n'a pas relancé le rêve millénaire de l'espace, il l'a en quelque sorte épuisé.

Il y a le même effet d'inutilité dans toute exécution

d'un programme, comme dans tout ce qu'on fait pour se prouver qu'on est capable de le faire : un enfant, une escalade, un exploit sexuel, un suicide.

Le marathon est une forme de suicide démonstratif, de suicide publicitaire : c'est courir pour montrer qu'on est capable d'aller au bout de soi-même, pour faire la preuve… la preuve de quoi ? Qu'on est capable d'arriver. Les graffiti eux aussi ne disent rien d'autre que : Je m'appelle Untel et j'existe ! Ils font une publicité gratuite à l'existence !

Faut-il continuellement faire la preuve de sa propre vie ? Étrange signe de faiblesse, signe avant-coureur d'un fanatisme nouveau, celui de la performance sans visage, celui d'une évidence sans fin.

Amérique

S'il est une activité qui ne cesse de prospérer à New York, c'est celle du sport. Des centaines de salles de gym, ouvertes sept jours sur sept de cinq heures du matin à minuit, rassemblent hommes et femmes de 17 à 77 ans, sur des machines à fabriquer du muscle et dans des cours de *body building* qui se déroulent comme un entraînement militaire. Beaucoup passent tous les jours dans ces véritables clubs de quartier. Le souci de soi, ici, passe par un souci du corps, sculpté selon des canons exaltant la force plus que la santé. Central Park, au milieu de Manhattan, ressemble davantage à un stade qu'à un lieu de promenade, tant le carré vert de New York est peuplé de joggeurs et de cyclistes, de patineurs et d'équipes de tennis et de base-ball. Piétons dans l'âme, les New-Yorkais marchent beaucoup et vite, goûtant ainsi au jour le jour le plaisir d'être *fit* – l'attribut roi, le fort signifiant le beau. La moitié de l'agenda scolaire est consacré aux activités sportives. Ce tropisme sportif influe sur le style et le vêtement : le soulier de New York est une chaussure de sport, qu'on porte même avec un costume cravate… et le couvre-chef est une casquette de base-ball. Boissons énergétiques, barres vitaminées, compléments alimentaires remplissent les rayons des épiceries. La veille du marathon, c'est tous les jours à New York. Et quand le sport ne suffit plus à garder un look de statue grecque, on fait appel à la chirurgie esthétique, autre marché florissant de la ville. La tension qui règne sur New York doit se lire sur les visages…

HENRY MILLER

Dans la solitude des champs de béton

Dans Tropique du Capricorne, *écrit en France, Miller revient sur sa jeunesse à Brooklyn, sur son emploi kafkaïen dans la Société Cosmodénique du Télégraphe pour l'Amérique du Nord, bureaucratie qu'il compare à « un gâchis d'hommes, de matériel, d'énergie ». Pour un auteur qui prônait le désir de « rire plus, toujours plus », New York se révèle un monstre froid, un monde sombre et stérile.*

Nuit, nuit toujours, nuit de New York, incalculablement stérile, froide, machinale, sans paix, sans refuge, sans intimité. Solitude immense et glacée de millions de pas pressés ; vain et glacial incendie des jeux de lumière électrique ; écrasante, insensée perfection de la femme qui, par sa perfection même, a franchi les frontières du sexe, est entrée dans le domaine du signe moins, dans le rouge, comme l'électricité, comme l'énergie neutre des mâles, comme les planètes sans aspect, les plans de paix, l'amour radiophonique. Avoir de l'argent en poche, au cœur de cette énergie blanche et neutre ; n'avoir soi-même aucun sens, être soi-même stérile, et comme tel marcher, traverser la lumière aveuglante et minérale des rues calcinées ; penser tout haut, au comble de la solitude, au bord de la folie ; être de la ville, d'une grande ville, être dans le temps, de la dernière minute, de la dernière seconde de la plus grande ville du monde et sentir qu'on ne lui appartient pas, que l'on est en dehors, – c'est devenir soi-même une ville, un monde de pierre morte, de lumière inutile, de mouvement inintelligible, d'impondérables et d'incalculables, le monde secret de la perfection de tout ce qui appartient au signe moins. Marcher dans l'argent, au milieu de la foule nocturne, protégé par l'argent, bercé par l'argent, abruti par l'argent, la foule même devenant une forme d'argent, le souffle même, argent, le moindre objet isolé, ici, là, n'importe où, partout, argent, argent, l'argent, et pas encore assez, et puis plus du tout d'argent, ou un peu d'argent ou moins d'argent, plus d'argent, mais l'argent, toujours l'argent, et que vous ayez de l'argent ou que vous n'en ayez pas, c'est l'argent qui compte et l'argent fait l'argent, *mais qu'est-ce qui fait que l'argent fait l'argent ?*

Et le dancing encore, le rythme de l'argent, l'amour radiophonique, le frôlement impersonnel de la foule qui rampe. Un désespoir qui tombe, tombe et finit par atteindre la semelle même des souliers, un ennui, une désespérance. Au cœur de la perfection machinale la plus parfaite qui soit, danser sans joie, se sentir si désespérément seul, presque inhumain à force d'humanité. S'il y avait trace de vie sur la lune, quelle meilleure preuve, presque parfaite dans son absence de joie, pourrait-on en fournir ? Si s'éloigner du soleil à travers les espaces doit conduire à l'imbécillité frileuse de la lune, alors nous avons touché le but et la vie n'est que froideur, incandescence lunaire du soleil. Ici, c'est la danse de vie, plus froide que glace, dans le creux d'un atome ; et plus on danse, plus froid il fait.

Tropique du Capricorne, traduit de l'anglais
par Georges Belmont © Éditions Stock

Cendrars, dans ses *Pâques à New York* se lamente : « Je suis trop seul » ; dans « le bruit immense » de la ville, il note ce paradoxe : « ma chambre est nue comme un tombeau ». La solitude dans la foule, c'est un des traits de la vie new-yorkaise, et sans doute la maladie la plus commune ici, une démence redoutée et goûtée par tous, à un moment ou un autre d'un long séjour à New York. Trop grande, trop impersonnelle. Tout le monde semble habillé pareillement dans les quartiers de Manhattan, et Miller compare les foules à autant de « pingouins, des bœufs des otaries savantes des ânes patients d'énormes baudets semblables à des gorilles fous, à des dociles maniaques mordillant l'appât qu'on leur balance sous le nez »... New York serait destinée à être cette « monstrueuse machine à malaxer les hommes », comme dit Simenon. *Trois chambres à Manhattan* est construit sur cette idée, d'un homme et une femme « perdus dans les milliers de rues, pareilles les unes aux autres » de New York, dont la solitude entraîne une « faim d'humain » proche de la frustration sexuelle de Miller. Et paradoxalement, c'est la rencontre accidentelle de ces deux solitudes qui leur fait « comprendre la valeur inestimable d'un contact humain ». Pourquoi ressent-on davantage de solitude dans la foule de New York que dans celle de New Delhi, par exemple ? Parce que chacun vient à New York pour quelque chose de précis qui est à chaque fois différent. Huit millions d'âmes et autant de projets qui suivent des chemins qui ne se recoupent jamais vraiment. Voilà pourquoi on ne se sent pas regardé, pas plus qu'on ne regarde les autres à New York. « Les gens sourient », note Jean Baudrillard dans *Amérique*, mais « jamais les uns aux autres, toujours pour eux seuls ». Le sociologue constate « le nombre de gens ici qui pensent seuls, qui chantent seuls, qui mangent et parlent seuls dans les rues est effarant. Pourtant ils ne s'additionnent pas. Au contraire, ils se soustraient les uns aux autres ». Nulle part ailleurs autant qu'à New York on voit des individus manger seuls dans la rue, le parc, devant un ordinateur ou une télévision... « Plus triste que celui qui mendie est l'homme qui mange seul en public », remarque le penseur latin qui conclut qu'il est impossible de vivre en couple à New York. Alors pourquoi venir vivre à New York ? « Il n'y a aucune raison humaine d'être là, mais la seule extase de la promiscuité », conclut-il. Huit millions de solitudes côte à côte, cela crée une certaine énergie, « une électricité interne qui vient de leur pure promiscuité ». Voilà peut-être pourquoi, comme on le note d'emblée, New York est une ville avec beaucoup de chiens mais sans un chat (animal solitaire s'il en est) ; le plus fidèle compagnon de l'homme étant ici le dernier, il est traité comme un prince, avec boutiques, bijoux, jouets, serviteurs, hôtels adéquats...

PAUL AUSTER

La liberté d'être personne et nulle part

Paul Auster est l'écrivain de New York comme Woody Allen en est son cinéaste : la ville est son personnage de référence, et l'auteur ne peut écrire ailleurs. Il explique ici le paradoxe qui fait de cette grande ville surpeuplée, grâce à son impersonnalité, une véritable retraite propice à la méditation. New York est une cité de verre, elle est transparente, presque évanescente. À la différence de Miller, il en goûte un grand bonheur…

Il lisait un grand nombre d'ouvrages, il regardait des tableaux, il allait au cinéma. L'été, il suivait le baseball à la télévision ; l'hiver, il fréquentait l'opéra. Mais ce qu'il aimait par-dessus tout, c'était marcher. Presque chaque jour, qu'il pleuve ou qu'il vente, qu'il fasse chaud ou froid, il quittait son appartement pour déambuler dans la ville – sans savoir vraiment où il allait, se déplaçant simplement dans la direction où ses jambes le portaient.

New York était un espace inépuisable, un labyrinthe de pas infinis, et, aussi loin qu'il allât et quelle que fût la connaissance qu'il eût de ses quartiers et de ses rues, elle lui donnait toujours la sensation qu'il était perdu. Perdu non seulement dans la cité mais tout autant en lui-même. Chaque fois qu'il sortait marcher il avait l'impression de se quitter lui-même, et, en s'abandonnant au mouvement des rues, en se réduisant à n'être qu'un œil qui voit, il pouvait échapper à l'obligation de penser, ce qui, plus que toute autre chose, lui apportait une part de paix, un vide intérieur salutaire. Autour de lui, devant lui, hors de lui, il y avait le monde qui changeait à une vitesse telle que Quinn était dans l'impossibilité de s'attarder bien longtemps sur quoi que ce soit. Le mouvement était l'essence des choses, l'acte de placer un pied devant l'autre et de se permettre de suivre la dérive de son propre corps. En errant sans but, il rendait tous les lieux égaux, et il ne lui importait plus d'être ici ou là. Ses promenades les plus réussies étaient celles où il pouvait sentir qu'il n'était nulle part. Et c'était finalement tout ce qu'il avait jamais demandé aux choses : être nulle part. New York était le nulle part que Quinn avait construit autour de lui-même et il se rendait compte qu'il n'avait nullement l'intention de le quitter à nouveau.

Trilogie new-yorkaise – Cité de verre,
traduit de l'anglais par Pierre Furlan

Une ville faite pour marcher, pour être arpentée... avant d'avoir pour signal des figurines de piétons rouges ou blanches, les feux de signalisation des rues de New York vous signifiaient « *don't walk* » (ne marchez pas !) or « *walk* » (marchez !) – que les New-Yorkais avaient renommé « *run* » (courez !). Happé que l'on est par des millions de signes, New York est paradoxalement l'espace parfait pour se vider de tout. L'écriture exige une certaine solitude pour travailler. Dans son article « Un Français à New York », Sollers raconte y avoir goûté la même tranquillité que Paul Auster mais en restant chez lui. « La bonne technique, pour un insecte humain, est de s'y glisser sans bruit, de prendre sa distance intérieure, de rester chez soi, d'écouter en profondeur. Petit appartement anglais de Jane Street, dans le Village, je pense à toi... Aux terrasses du vingtième étage bourrées d'antennes... Confort des fauteuils de cuir, soleil violent dans les plantes vertes, c'est là que j'ai écrit dans une solitude quasi totale la plus grande partie de mon *Paradis*... Je finissais par sortir, je prenais des taxis en tous sens, j'allais dormir au début de l'après-midi sur les quais de planches où passaient des hallucinés du jogging, éclat de l'été indien à New York... » Morand relève dès 1930 la « simplification des lignes, des idées, des sentiments » qui caractérise selon lui le décor new-yorkais. Dans cette ville géométrique, commente Sollers, « le collectif est réduit à sa plus simple expression, dissous » ; d'où cette grande liberté que l'on ressent : « quelle chance de méditation ! Mieux que dans un désert »...

Pour lire encore et toujours des pages sur New York :

www.mr.beller'sneighborhood.com, ou *New York par New York* : un site entièrement dédié aux essais, récits, pensées sur New York, classés par thèmes et quartiers. Plus de 1 000 textes miroirs sur la ville, base alimentée en permanence par de nouveaux lecteurs auteurs...

www.gothamcenter.org, le site des historiens de la ville de New York, pour en explorer l'épopée dans tous ses détails.

Les must

Si New York se donnait une devise, ce serait « *only the best* » : ici, on ne veut que le meilleur...

Le must pour dormir :

– Morgans Hotel, « réimaginé » par Andrée Putman, avec vue sur l'Empire State.

– Gramercy Park Hotel, décoré par Julian Schnabel.

– The Bowery, le luxe dans les anciens bas-fonds.

– Mercer Hotel, le quartier général de Soho.

Le must pour se restaurer :

– The Modern, le restaurant du MOMA.

– Nobu, créé par Robert de Niro, l'invention de la cuisine américano-japonaise.

– Pastis, brasserie marseillaise plus vraie que nature... Bill Clinton y a organisé le brunch d'anniversaire de ses soixante ans.

– La Esquina, la taverne de Nolita, fusion New York – Mex.

– Le Bar à huîtres de Grand Central Station.

– Union Square Cafe, la meilleure brasserie italo-américaine.

– Mr Chow, le chinois le plus célèbre et le plus chic.

– Jean-Georges, *le* 3 étoiles Michelin de New York, avec un menu de déjeuner à un rapport qualité-prix incomparable...

Le must pour prendre un verre le soir :

– Rose Bar, Gramercy Park Hotel.

– Mandarin Oriental Hotel, 36e étage, la plus belle vue.

– The Box, le cabaret de la nuit interlope.

– Submercer, le night-club à la mode.

– Bemelmans, piano bar de l'hôtel Carlyle, pour un vodka martini à l'apéritif; Woody Allen y joue régulièrement de la clarinette avec son groupe de jazz. C'est aussi là qu'Ertha Kitt donna ses derniers concerts...

– Joe's Pub, café-concert, avec une programmation très éclectique et internationale.

Le must pour voir de l'art :

– Les galeries de Chelsea, le grand magasin de l'art contemporain : plus de 350 galeries situées dans un carré entre la 20e et la 29e Rue, et de la 10e à la 11e Avenue.

– Le MOMA, Museum of Modern Art.

Le must pour le shopping :

– Soho : pour la mode la plus « tendance », avec l'incontournable boutique de Marc Jacobs, *le* designer new-yorkais.

– Madison avenue entre la 55e et la 75e : l'avenue Montaigne de New York.

– B & H : l'hypermarché de la photo et la vidéo.

– Apple store : des temples de l'informatique ouverts 24h/24.

– Barneys : les meilleures sélections des créateurs les plus raffinés du monde, des vêtements de Jil Sander aux bijoux de Marie-Hélène de Taillac.

« Le goût de... »

Le goût de l'Abyssinie
Le goût de l'Afghanistan
Le goût d'Alexandrie
Le goût d'Alger
Le goût d'Amsterdam
Le goût d'Antibes
Le goût d'Athènes
Le goût de l'Australie
Le goût de Bali
Le goût de Barcelone
Le goût de Belgrade
Le goût de Berlin
Le goût de Beyrouth
Le goût de la Birmanie
Le goût de Bordeaux
Le goût de la Bretagne
Le goût de Bruxelles
Le goût de Bucarest
Le goût de Budapest
Le goût de Buenos Aires
Le goût du Cambodge
Le goût de Cannes
Le goût de Capri et autres îles italiennes
Le goût de la Chine
Le goût de la Corse
Le goût de la Croatie
Le goût de Cuba
Le goût de Dublin
Le goût de l'Égypte
Le goût de l'Engadine
Le goût de Florence
Le goût de Genève
Le goût de la Grande-Bretagne
Le goût de la Guadeloupe
Le goût de la Haute-Provence
Le goût des îles grecques
Le goût de l'île Maurice
Le goût de l'Inde
Le goût des villes de l'Inde
Le goût d'Istanbul
Le goût de Jérusalem
Le goût des lacs italiens
Le goût de Lille
Le goût de Lisbonne
Le goût de la Loire
Le goût de Londres
Le goût de Los Angeles
Le goût de Lyon
Le goût de Madrid
Le goût de Marrakech
Le goût de Marseille
Le goût de la Martinique
Le goût de Mexico
Le goût du mont Blanc
Le goût de Montréal
Le goût du Mont-Saint-Michel
Le goût de Moscou
Le goût de Nancy
Le goût de Naples
Le goût du Népal
Le goût de New York
Le goût de Nice
Le goût de la Normandie
Le goût d'Odessa
Le goût de Palerme
Le goût de Paris
(3 volumes : 1. Le mythe ; 2. L'espace ; 3. Le temps)
Le goût de Pékin
Le goût du Périgord
Le goût de Prague
Le goût du Rhin
Le goût de Rio
Le goût de Rome
Le goût de Saint-Jacques-de-Compostelle
Le goût de Saint-Pétersbourg
Le goût de Salzbourg
Le goût de San Francisco
Le goût du Sénégal
Le goût de Séville

Réalisation Pao : Dominique Guillaumin

Achevé d'imprimer
par Hérissey
à Évreux (Eure)
en avril 2012
Imprimé en France

Dépôt légal : avril 2012
1er dépôt légal : avril 2009
N° d'imprimeur : 118539

244814